Kapitel 4

äterstaler Straße

Ziegelhausen

Philosophenweg

Benediktiner-
Abtei Neuburg

Neckarhelle

Schlierbacher Landstraße

37

Schlierbach

Kapitel 1/8

Schleuse

Karlstor

Karlstor-
bahnhof

Heiliggeist-
kirche

ücke

Rathaus

Str.

stadt

Schloss

Schloss-
garten

ibl.

Kapitel 3

Kapitel 2

Bergbahn

Königstuhl
567,8 m
Märchen-
paradies

LBERG

Kapitel 7

Kohlhof

0   500   1000 m

© **KARTO**GRAPHIE *Peh & Schefcik*

oxberg

Inhalt

Vorwort

Heidelberg – allein schon die Erwähnung des Namens dieser Stadt bringt viele Menschen auf der ganzen Welt zum Schwärmen!

Das Herz, das man hier verlieren kann, Hochburg der deutschen Romantik, die weltberühmte Schlossruine, die älteste Universität Deutschlands, die malerische Altstadt und das bezaubernde Neckartal: All das trägt zum Mythos Heidelberg bei – „… der Vaterlandsstädte Schönste, soviel ich sah", wie bereits Friedrich Hölderlin wusste.

Aber nicht nur der Rückblick in die großen Zeiten des Heiligen Römischen Reiches mit Liebe, Tragödie und so manchen Kriegen ziehen an die 12 Millionen Besucher jedes Jahr an. Auch die Kur-

Heidelberg – Residenzstadt in der alten Kurpfalz

pfälzer Lebenslust, Lebensfreude und auch Lebensart, die den Bewohnern der ehemaligen kurfürstlichen Residenz quasi angeboren sind, locken immer mehr Menschen nach Heidelberg und in seine reizvolle Umgebung.

Von Luftangriffen während des Zweiten Weltkrieges verschont geblieben, gewährt die Stadt Einblick in den barocken Wiederaufbau des 18. Jahrhunderts nach der kompletten Zerstörung durch die Truppen Ludwigs XIV. im Jahre 1693.

Altstadt und Schloss bilden Herz und Kern der Stadt, den ich Ihnen in unterschiedlich thematisierten Spaziergängen zeigen möchte. Seien Sie jedoch auch gespannt auf die anderen, Sie werden erstaunt sein, was Sie in Stadtteilen, die zum Teil älter sind als Heidelberg selbst, so alles erleben und entdecken können!

Neu in dieser 3. Auflage ist die Altstadt- und Schlossführung für mobilitätseingeschränkte Gäste, die Heidelberg in einem Rollstuhl besuchen und erkunden möchten. Mit Unterstützung einer Heidel-

Blick vom Schloss – schöner geht´s nicht, oder...?

berger Rollifahrerin habe auch ich meine Stadt zum ersten Mal mit anderen Augen wahrgenommen.

Die neuen Zahlen bescheinigen uns fast 160.000 Einwohner, die in 15 Stadtteilen leben, wobei der jüngste, die Bahnstadt, immer noch am Wachsen ist. An die 30.000 Studenten sind an der Ruperto Carola eingeschrieben, aber auch ca. 4.500 Studierende an der Pädagogischen Hochschule, über 3.000 an der SRH und 120 an der Hochschule für Jüdische Studien, der einzigen in Deutschland. Heidelberg ist nicht nur die fünftgrößte Stadt Baden-Württembergs, sondern auch eine moderne und immer junge Stadt im Herzen Europas, geografisch und „strategisch" einfach perfekt gelegen. 85 km südlich vom Frankfurter Flughafen liegt sie in der Einflugschneise aller internationalen Gäste. Verhältnismäßig kurze Wege führen schnell in den Odenwald, die Pfalz und nach Frankreich.

Auch vom Klima her sind die Kurpfälzer verwöhnt: Mit einer Durchschnittstemperatur von 12° Celsius gehört Heidelberg zu den wärmsten Städten Deutschlands, und Kaiser Joseph II. soll bei einem Besuch an der Bergstraße im Jahre 1764 ausgerufen haben: „Hier beginnt Deutschland Italien zu werden!"

Sie merken, die Verfasserin, in Heidelberg aufgewachsen, ist mit Herz und Seele dieser Stadt zugetan. Atmen Sie tief ein und lassen Sie sich anstecken. Alla hopp, spazieren Sie los – und vergessen Sie nicht, sich am Ende einer jeden Tour mit der Einkehr in einer „Wärtschaft und änem Vertele" zu belohnen. Natürlich soll dies keine Aufforderung zu regelmäßigem Alkoholkonsum nach den Spaziergängen sein (Liebe Jugendliche unter 18 Jahren – Hände weg, auch unvergoren schmeckt der Traubensaft lecker!), aber wenn Sie es mit der Weisheit eines alten Heidelbergers halten – und dabei nicht übertreiben –, ist dieser kulinarische Genuss nach dem Kulturellen durchaus berechtigt: „Hast vom Weißen Du genug, trinke Roten, der tut gut. Hat's beim Roten Dich erwischt, trinke Weißen, der erfrischt!" In diesem Sinne: Ein Hoch auf Heidelberger Lebenslust und Genuss!

Ihre Susanne Kahlig

Alt Heidelberg,
du Feine ...

Alt Heidelberg, du Feine…

Der klassische Spaziergang durch die Altstadt

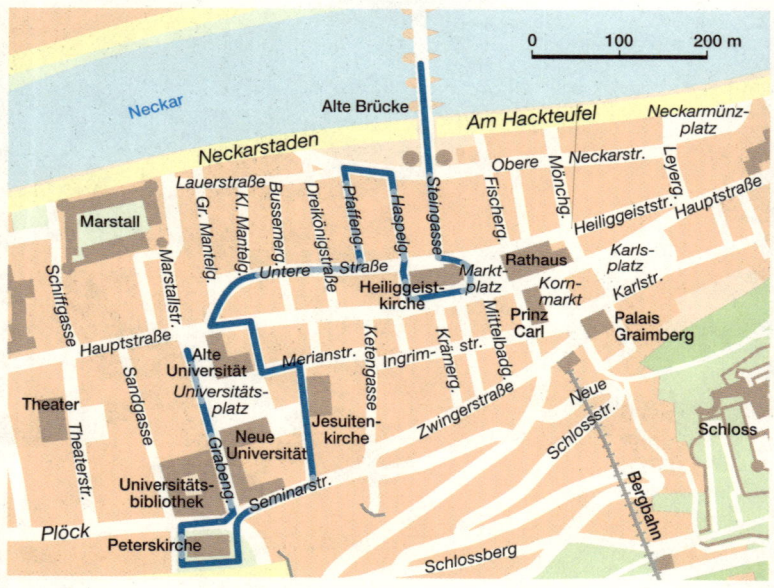

Dauer: 1,5 Stunden
Länge: 3,5 km
Strecke: größtenteils eben, oft von altem Kopfsteinpflaster durchzogen
Anfahrt: Bus 31 und 32, Haltestelle Universitätsplatz

Der Löwenbrunnen auf dem Universitätsplatz in der Altstadt stellt nicht nur für viele Stadtführungen den Ausgangspunkt in diverse Aspekte der Heidelberger Geschichte dar. Er ist auch für die, „wo" – bitte beachten Sie das Kurpfälzer Relativpronomen – „Heidelberg zu Fuß" erkunden möchten, der Beginn des klassischen Rundgangs durch die Heidelberger Kern-Altstadt. Genau hier verlief die westliche Stadtgrenze der mittelalterlichen Stadtbefestigung im Jahre

1386, dem Gründungsjahr der Ruperto Carola. Sie ist die älteste Universität auf heutigem deutschen Boden, nur Prag (1348) und Wien (1365) als ihre einzigen Vorgänger im Heiligen Römischen Reich Deutscher Nation erhielten vor ihr das Gründungsprivileg.

Beginnen wir unseren Rundgang mittendrin, im Herzen der Altstadt auf dem Universitätsplatz. Der Löwe auf dem Brunnen vor der Alten Universität trägt bis heute stolz Reichsapfel und Schwert, die Insignien der einstigen Heidelberger Kurfürsten.

Wo sich bis wenige Jahre nach Gründung der Universität die mittelalterliche Stadtbefestigung befand, zeugt heute noch der Name der Grabengasse von dieser ehemaligen Stadtgrenze. Heute dagegen ist der Universitätsplatz neben dem Marktplatz das Zentrum der Heidelberger Altstadt. Direkt hinter dem Löwenbrunnen steht das Gebäude der Alten Universität, erbaut von Johann Adam Breunig, einem der bekanntesten Kurpfälzer Baumeister und Architekten des beginnenden 18. Jahrhunderts.

Errichtet in den Jahren 1712 bis 1735 steht sie stellvertretend für den barocken Wiederaufbau Heidelbergs im 18. Jahrhundert.

Eingangsportal der Alten Universität

Das Museum im Erdgeschoss dokumentiert in drei Räumen die Geschichte der Universität von ihrer Gründung bis zu den aktuellen Nobelpreisträgern des 21. Jahrhunderts, Bert Sakmann, Harald zur Hausen und Stefan W. Hell.

Blickt man nun an der westlichen Fassade der Alten Universität auf die Fenster des ersten und zweiten Geschosses, erkennt man die bis zur Hälfte heruntergelassenen Jalousien der Alten Aula. 1886 wurde sie anlässlich des 500-jährigen Jubiläums der Universität ganz aus Holz im historistischen Stil gestaltet. Bis in die 1970er Jahre diente sie als Vorlesungssaal, heute wird sie nur noch für Festlichkeiten der Universität wie Antrittsvorlesungen, Promotionsfeiern, Konzerte usw. genutzt.

Auch der Rektor hat in diesem altehrwürdigen Gebäude seinen Amtssitz.

Rechts an die Südseite der Alten Universität grenzt der Vorplatz an die Neue Universität. Englischsprachige Gäste fragen oft, ob dies der Campus sei, was Gästeführer immer mit einem Schmunzeln verneinen. Ganz Heidelberg ist ein Campus! Wobei die Altstadt mit einem Fünftel ihrer Fläche von den Geistes- und Rechtswissenschaften be-

Alte Aula aus dem Jahre 1886

legt ist und die Naturwissen-
schaften und medizinischen
Einrichtungen im 19. Jahrhundert zunächst in Bergheim
angesiedelt wurden. Seit den
1920er Jahren wird das Neuenheimer Feld für Kliniken und
naturwissenschaftliche Institute immer weiter ausgebaut.

Aus Spendengeldern, die
ein ehemaliger amerikanischer
Student, Jacob Gould Schurman, zusammengetragen hat,
wurde das Hauptgebäude der
Neuen Universität 1931 in ei-

Detailfenster Alte Aula

nem feierlichen Akt eingeweiht. Ende des 19. Jahrhunderts hatte
Schurman in Heidelberg studiert und sich in die Stadt verliebt. In
den 1920er Jahren wurde er zum amerikanischen Botschafter in
Berlin berufen und startete eine groß angelegte Spendenaktion für
das dringend benötigte neue Hörsaalgebäude, an der sich so berühmte Persönlichkeiten wie John D. Rockefeller, William Randol-
ph Hearst und Walter Percy Chrysler beteiligten.

Übrigens: Auf dem Universitätsplatz findet der größte der insgesamt sechs (!) Heidelberger Weihnachtsmärkte, die sich entlang der
Fußgängerzone über die Hauptstraße verteilen, statt.

Weiter geht es durch die Grabengasse mit der Neuen Universität
zur Linken leicht aufwärts in südlicher Richtung zur Peterskirche
und Universitätsbibliothek, die man beide am Ende der „Gass"
schon erkennen kann.

> **Tipp:** Die Grabengasse wird in dem kurzen Bereich von Universitäts-
> platz bis Peterskirche nicht nur von Fußgängern genutzt, sondern
> auch von unzähligen Radfahrern und zwei regelmäßig verkehrenden
> Linienbussen, daher bitte „uffbasse"!

Oben angekommen, sollte man zunächst die Straße überqueren, um vom Garten der Peterskirche aus den besten Blick auf die wunderschöne Fassade des historistischen Bauwerks aus dem Jahre 1905 zu erhalten.

Ganz oben in der Fassade der Universitätsbibliothek erkennt man ein Relief der Pallas Athene, der griechischen Göttin der Weisheit, darunter das badische Wappen, an der unteren Seite flankiert von Masken der Komödie und Tragödie. Gleich links und rechts des Eingangs stehen Prometheus und eine unerkannte Dame, die ihren Schleier (des Wissens) lüftet, stellvertretend für Forschung und Lehre. Die beiden Gründer und Namensgeber der Universität, Kurfürst Ruprecht I. und Großherzog Karl-Friedrich von Baden, findet man als Figuren jeweils auf der linken und rechten Seite der Gebäudefassaden unter einem von Säulen symbolisch gestützten Dachvorsprung.

Ein Besuch der „UB" lohnt sich allemal: Der Windfang im Eingangsbereich überrascht mit einem wunderschönen Mosaikfußboden, und im großen Raum der Ausleihe im Hochparterre erlangt man einen Blick in den grünen Innenhof und bekommt damit einen

Universitätsbibliothek

Eindruck von den Ausmaßen des Bauwerks. Über das zweiflügelige Treppenhaus gelangt man in den ersten Stock, in dem permanent ein Faksimile des „Codex Manesse" ausgestellt ist. In der Regel gibt es auch immer wieder wechselnde Ausstellungen mit verschiedenen Themen, die einige der Schätze der Universitätsbibliothek präsentieren.

UNIVERSITÄTSBIBLIOTHEK

Original des „Codes Manesse", aus der Ausstellung 2011

Plöck 107-109 · 69117 Heidelberg
Tel.: 06221/542380 · www.ub.uni-heidelberg.de
Zutritt zu den Vitrinenausstellungen: Mo.-Fr., 8.30-1 Uhr, Sa.-So., 9-1 Uhr
Öffnungszeiten der Ausstellungsräume: Mo.-So., 10-18 Uhr
Eintritt: frei

Peterskirche mit Epitaphen

Beim Betrachten der Mauern der Peterskirche fallen die vielen dort angebrachten Steinplatten auf. Bei ihnen handelt es sich um Epitaphe (künstlerisch gestaltete Grabplatten), die oftmals von Geschichten und Taten aus dem Leben oder vom Tod der Verstorbenen berichten.

Wenn man die Universitätsbibliothek hinter sich lässt und um die Kirche rechts herumläuft, so trifft man auf den Gedenkstein des „ehrbaren Handelsmannes" Hans Jacob Rieter aus der Schweiz. Rieter wurde in der Postkutsche auf dem Rückweg von der Frankfurter Messe im Mai 1811 vom berüchtigten Räuberhauptmann „Hölzerlips" bei Hemsbach an der Bergstraße überfallen und erlag kurz danach seinen schweren Verletzungen.

Hölzerlips und seine Mannen waren in der Heidelberger Gegend und dem nahegelegenen Odenwald das, was im Hunsrück der Schinderhannes und im Bayerischen der „Hiasl" waren: aus der Gesellschaft Ausgestoßene und dem fahrenden Volk Zugehörige – Räuber, die Angst und Schrecken verbreiteten! Als sie gefasst wurden, machte man ihnen in einem Blutgericht den Prozess und verurteilte sie ein Jahr nach der Tat zum Tode. Von den bewegten und gefährlichen Zeiten zum Ende des 18. Jahrhunderts erzählt nicht von ungefähr Schillers Drama „Die Räuber", welches 1782 im benachbarten Mannheim uraufgeführt wurde.

Verlassen wir den Kirchhof durch dasselbe Türchen, überqueren wiederum die Straße und biegen gleich nach rechts in die Seminarstraße ab.

Als einziges Überbleibsel der alten Stadtbefestigung erhebt sich hier aus dem Komplex der Neuen Universität der sogenannte Hexenturm, der im Mittelalter als Gefängnis diente. Schauen Sie jetzt schon einmal Richtung Osten bis zum Ende der Straße – bereits von hier können Sie die Ruine des Schlosses sehen!

Gedenkstein für Hans Jacob Rieter aus der Schweiz

Blutgericht zu Heidelberg 1812

Sollte das schmiedeeiserne Tor nach ca. 50 Metern auf der linken Straßenseite der Seminarstraße geöffnet sein, treten Sie ein und durchqueren den Innenhof der Neuen Universität mit Blick auf die Rückseite des Hexenturmes. Am Ende einer Treppe verlassen Sie den Hof wieder und biegen am Marsiliusplatz rechts in die Schulstraße ab, um gleich wieder links am Richard-Hauser-Platz vor der Jesuitenkirche zu stehen.

Leider ist das Tor nicht immer offen – laufen Sie in diesem Fall die Seminarstraße noch ein kleines Stück weiter, bis Sie linker Hand auf die Schulstraße stoßen. Mitten im Jesuitenviertel des 18. Jahrhunderts sehen Sie auf der rechten Seite das Carolinum, heute eines der Verwaltungsgebäude der Universität, und auf der Ecke zur Schulstraße, in die Sie einbiegen, das Romanische Seminar der Uni. Im angrenzenden Romanischen Keller befindet sich das Theater der Uni-

Jesuitenkirche im Abendlicht

versität Heidelberg. Der Kabarettist Dr. Eckart von Hirschhausen machte dort seine ersten Bühnenerfahrungen, von denen er bei seinen regelmäßigen Auftritten in Heidelberg immer gerne berichtet!

Auch hier biegt man links in die Schulstraße ab, an deren Ende sich der Richard-Hauser-Platz vor der Jesuitenkirche befindet.

Bereits nach dem Tod des letzten protestantischen Kurfürsten im Jahre 1685 erbte der katholische Wittelsbacher Philipp Wilhelm aus Düsseldorf den Heidelberger Thron. Aber erst nach der Zerstörung Heidelbergs durch die Franzosen im Jahre 1693 und im barocken Wiederaufbau holte Kurfürst „Jan Wellem" die Jesuiten zu Hilfe, um die Re-Katholisierung der Kurpfalz zu unterstützen und voranzutreiben.

Die Streitigkeiten zwischen dem katholischen Kurfürsten und seinen protestantischen Untertanen über die Nutzung der Heiliggeistkirche führten bereits 1706 dazu, dass in der Heiliggeistkirche, der damaligen Haupt- und Stiftungskirche der Universität, eine Scheidewand zwischen Chor und Langhaus gezogen wurde. 1720 hatte sein Nachfolger Karl Philipp von den renitenten Heidelbergern endgültig die Nase voll und verlegte die Residenz nach Mannheim.

Erbaut wurde die Jesuitenkirche zwischen den Jahren 1712 und 1759, zunächst von Johann Adam Breunig, dem bekannten barocken Baumeister, vollendet jedoch in den letzten zehn Jahren von Franz Wilhelm Rabaliatti unter Kurfürst Karl Theodor.

Mit der Jesuitenkirche im Rücken biegt man nun nach links in die Merianstraße Richtung Universitätsplatz ab und gleich darauf wieder nach rechts in die Augustinergasse.

Schauen Sie jedoch davor noch einmal auf die im Boden eingelassene Plakette unter den Linden auf dem Universitätsplatz: Sie erinnert an den Aufenthalt Martin Luthers in Heidelberg im Jahre 1518, ein halbes Jahr nachdem er seine Thesen in Wittenberg veröffentlicht hatte. An der Stelle des heutigen Universitätsplatzes befand sich zur damaligen Zeit das Augustinerkloster.

Zurück zur Augustinergasse. Ein Schild mit „beflügeltem Engel" weist auf den Eingang zu einer Heidelberger Besonderheit: dem Studentenkarzer.

Mindestens so wichtig wie der eigentliche Thesenanschlag war die Heidelberger Disputation 1518

In den zweiten Stock, in dem sich der Karzer befindet, gelangt man durch ein Treppenhaus mit ausgetretenen Stufen. Hier läuft man vorbei an der Wohnung des Pedells zu den fünf „Zellen", in denen Studenten bis 1914 ihre Haftstrafe absitzen mussten. Eine Strafe war es meistens jedoch nicht, denn wer in Heidelberg studierte, „musste" mindestens einmal im Karzer gesessen haben.

Die Gründe dafür waren vielfältig, zum Beispiel „heftige Sauferei", unbekleidetes Schwimmen im Neckar, „die Sau rauslassen" oder das Fechten von Mensuren, welches übrigens bis 1953 tatsächlich per Gesetz verboten blieb. Die Dauer des Aufenthalts betrug je nach Schwere des Vergehens wenige Tage bis zu vier Wochen, während derer die Studenten jedoch weiterhin an ihren Vorlesungen teilnehmen mussten. Dokumentiert wurde dieses Ereignis mit Farbe und Kerzenruß an den Wänden der Zellen, und so fühlt man sich heute unversehens in eine scheinbar heile, sorglose Welt der Jugend-

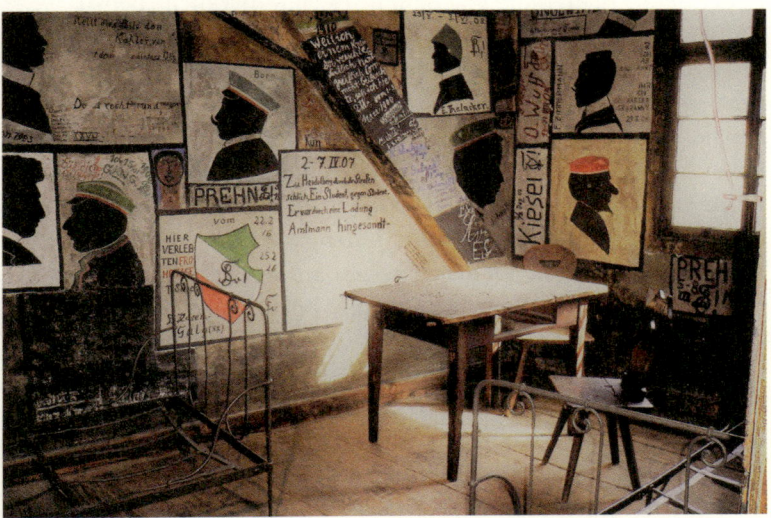

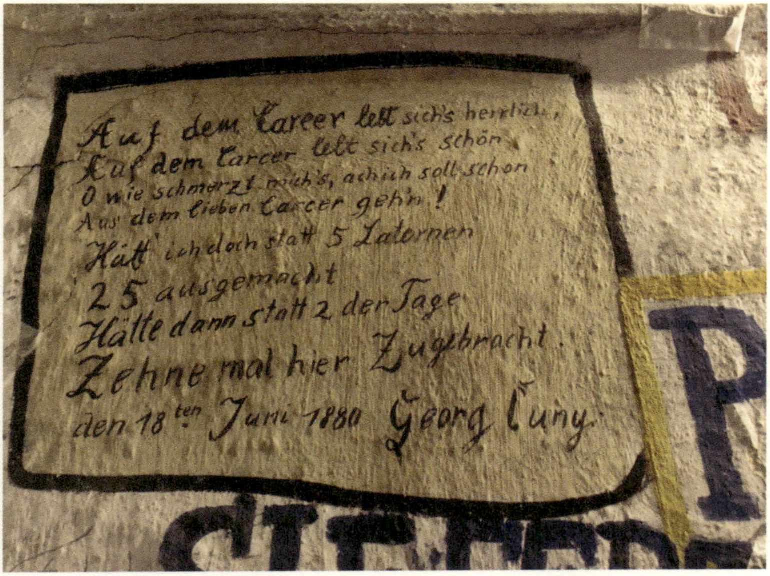
Auf dem Carcer lebt sich's herrlich,
Auf dem Carcer lebt sich's schön
O wie schmerzt mich's, ach ich soll schon
Aus dem lieben Carcer gehn!
Hätt ich doch statt 5 Laternen
25 ausgemacht
Hätte dann statt 2 der Tage
Zehne mal hier Zugebracht.
den 18ten Juni 1880 Georg Cuny

Ein guter Grund in den Karzer zu fliegen…

PREHN
2· 7.III.07
Amtmann hingesandt-
HIER VERLEB TEN
Kiesel

Die Sonne scheint ins Palais Royal

streiche zurückversetzt. Der Beginn des Ersten Weltkrieges jedoch bereitete dem unbeschwerten Studentenleben ein jähes Ende, und der Karzer wurde 1914 geschlossen.

> **STUDENTENKARZER, UNIVERSITÄTSMUSEUM UND ALTE AULA**
> Augustinergasse 2 / Grabengasse 1 · 69117 Heidelberg
> Tel.: 06221/543554
> Öffnungszeiten: Apr. – Aug., 10 – 18 Uhr; Sept., Okt., Mo. – Fr., 10 – 16 Uhr, Sa. 10 – 18 Uhr, Sonn- und Feiertag 10 – 16; Nov. – Mrz., Mo. – Sa. 10 – 16 Uhr
> Eintritt: 3 €, ermäßigt: 2,50 €

Vom Karzer aus geht es weiter Richtung Hauptstraße, an deren Ecke zur Augustinergasse man links abbiegt. Nach ungefähr 20 Metern biegt man nach rechts zum Heumarkt und zur Unteren Straße ab und bewegt sich damit wieder auf der mittelalterlichen Westgrenze der Stadt. Achten Sie mal darauf: Es geht merklich „bergab" …

Die Untere Straße und die Hauptstraße waren die einzigen zwei Straßen im mittelalterlichen Heidelberg, die in west-östlicher Richtung verliefen.

Die Stadt, die im 12. Jahrhundert angelegt wurde, gleicht vom Grundriss her den Formen einer Leiter, bei der die Sprossen die von Nord nach Süd verlaufenden Gassen sind. Einzige Ausnahme bildet die Dreikönigstraße, die bis 1832 Judengasse hieß. Nach dem Hambacher Fest wurde sie im gleichen Jahr auf Betreiben der Anwohner nach dem damals auf der Hauptstraße befindlichen Hotel „Zu den drei Königen" umbenannt.

Schlendern Sie gemütlich durch diese Straße, kaum anderswo finden Sie so viele Kneipen wie hier. Einige davon sind schon beinahe selbst ein Stück Heidelberger Geschichte: der „Große Mohr" und „Kleine Mohr", die „Destille" und die „Sonderbar", über der übrigens das meistfotografierte Schild der Heidelberger Altstadt hängt: „Betreutes Trinken"

Eine der vielen Kneipen in der Unteren Straße

Ihr schräg gegenüber liegt auf der Ecke zum Küchengäßchen die Galerie „Grüner Engel", die damit wirbt, die weltgrößte Sammlung an Absinth auf Lager zu haben.

Die Untere Straße sollten Sie unbedingt auch einmal nach Einbruch der Dunkelheit besuchen: Als Nachtschwärmer lernen Sie Heidelberg hier von seiner Partyseite kennen. Das ist auch durchaus noch mit „Ü50" ein Vergnügen und keineswegs „dene junge Leit" vorbehalten.

Weiter geht es vorbei am „POP" und dem „Weinloch", einer Heidelberger Institution, über die Dreikönigstraße mit der „Osteria Alfredo" am Eck. Blickt man von hier die Straße hinunter zum Neckar, erkennt man nach einigen Metern auf der rechten Seite an der Hauswand über dem Portal hängende „Pferdeköpfe". Keine Angst – hier verbirgt sich nicht etwa eine Pferdeschlachterei. Vielmehr zieren diese Pferdeköpfe die Fassade eines ehemaligen Pferdestalls und Droschkenbetriebes aus dem frühen 19. Jahrhundert.

Die nächste von der Unteren Straße abbiegende Gasse ist die Pfaffengasse, durch die die Strecke wiederum abschüssig weiter verläuft.

Gleich auf der linken Seite steht meist ein Schild vor dem Torbogen, welches auf die hier ansässige Einrichtung verweist: die Reichspräsident-Friedrich-Ebert-Gedenkstätte. Treten Sie ein und lassen Sie sich entführen in die Zeit der Reichsgründung um das Jahr 1871, dem Geburtsjahr Friedrich Eberts. Über eine Holzstiege im Hof erreicht man die 45 Quadratmeter große Wohnung, in der der erste demokratisch gewählte deutsche Reichspräsident das Licht der Welt erblickte und bis nach Abschluss seiner Lehre zum Sattlergesellen mit Eltern und fünf Geschwistern lebte.

Beim Betreten des Wohnzimmers zieht man ob der niedrigen Decke unwillkürlich den Kopf ein. Um Wohnraum in der beengten Heidelberger Altstadt zu schaffen, zog man zur damaligen Zeit Zwischendecken in die hohen barocken Räume ein, und vermietet wurde nicht nach Quadrat-, sondern nach Kubikmetern!

> **REICHSPRÄSIDENT-FRIEDRICH-EBERT-GEDENKSTÄTTE**
> Pfaffengasse 18 · 69117 Heidelberg
> Tel. 06221/91070 · www.ebert-gedenkstaette.de
> Öffnungszeiten: Apr. – Okt., Di. – Fr., 9 – 18 Uhr, Sa., So., 10 – 18 Uhr; Nov. – Mrz., Di. – Fr. 9 – 17 Uhr, Sa., So., 10 – 17 Uhr
> Eintritt: frei; Führungen nach telefonischer Voranmeldung

Liebevoll von den Kuratoren mit Mobiliar aus dieser Zeit eingerichtet, findet man hier als einziges Originalstück aus dem Besitz Friedrich Eberts einen seiner Anzüge.

Sie sollten sich in jedem Fall nicht nur Zeit für den Besuch der Wohnung, sondern unbedingt auch für die ganze Reichspräsident-Friedrich-Ebert-Gedenkstätte nehmen.

Nach dem Verlassen der Gedenkstätte läuft man die Pfaffengasse links hinunter bis kurz vor den Neckarstaden. Bleiben Sie hier an der Straßenecke stehen. Fällt Ihnen etwas auf? Wenn Sie die Häuserwand zu Ihrer Linken hinaufschauen, erkennen Sie neben einem Krebs die Markierung des höchsten Hochwassers, das die Stadt jemals heimgesucht hat. 1784 trat der Neckar – der Name stammt aus dem Keltischen und bedeutet „Wilder Geselle" – bis auf 9,40 Meter

Die Alte Brücke aus westlicher Richtung

über seine Ufer und machte damit seinem Namen alle Ehre. Der heutige Universitätsplatz stand damals 1,5 Meter hoch unter Wasser.

Von hier aus hat man auch einen wunderschönen Blick auf das gegenüberliegende Neckarufer und die Alte Brücke.

Biegt man nun am Ende der Pfaffengasse nach rechts, sieht man gleich am nächsten Wohnhaus eine zum Gedenken an den Aufenthalt Gottfried Kellers („Kleider machen Leute") angebrachte Plakette.

Der aus der Schweiz stammende Keller verbrachte das Wintersemester 1849/50 in Heidelberg und verliebte sich hier unsterblich in Johanna Kapp, Tochter des Gelehrten Christian Kapp. Die schöne Johanna wohnte auf der anderen Neckarseite, und Keller sah sie jeden Tag über die Brücke laufen. Unglücklicherweise gehörte ihr Herz jedoch einem anderen, und so setzte er ihr mit eigenem gebrochenen Herzen mit dem Gedicht „Schöne Brücke, hast mich oft getragen, wenn mein Herz erwartungsvoll geschlagen…" ein literarisches Denkmal!

Gleich an der nächsten Straßenecke zur Haspelgasse biegt man wieder nach rechts ab. Im Mittelalter befand sich an dieser Stelle ein sogenannter „Haspel", eine Art Drehkreuz – blieb wer hängen, hatte

Das süßeste Heidelberg-Souvenir: der Studentenkuss!

er sich „verhaspelt". Man läuft die Haspelgasse in südlicher Richtung leicht bergan, vorbei am historischen Studentenlokal „Schnookeloch", in dessen Schankraum an der Wand geschrieben steht: „Mindschtens ämol in der Woch' g'hört der Mensch ins Schnookeloch!" Ein guter Tipp für später…

Vorbei am „Haus Cajeth" mit seinem beeindruckenden Museum für primitive Kunst und Hassbeckers wunderschöner Galerie und Buchhandlung geht man zunächst weiter bis zum Studentenkuss-Haus. Bevor man nun von hier die Tour weiter fortsetzt, muss man kurz hineingehen und bei Frau Knösel-Ziegs einen Heidelberger Studentenkuss „to go" kaufen. Grüßen Sie sie schön von mir!

Nach wenigen Metern hat man den Fischmarkt unterhalb der Heiliggeistkirche erreicht. Von der rechten Seite mündet die Untere Straße auf diesen Platz, schräg links liegt auf der Höhe der Heiliggeistkirche deren westliches Eingangsportal.

Die Kirche ist die größte dreischiffige gotische Hallenkirche zwischen Frankfurt am Main und Straßburg. Bereits im 13. Jahrhundert wurde hier ein dem Heiligen Geist geweihtes Gotteshaus erwähnt, aber erst 1398 wurde unter Kurfürst Ruprecht III., dem späteren König Ruprecht I., mit dem Bau einer gotischen Kirche begonnen. Heidelberg war zu dieser Zeit alleinige kurpfälzische Re-

Emporen im Langhaus der Heiliggeistkirche

sidenz geworden. Die neue Kirche sollte somit auch der Grablege eines Königs und späterer Kurfürsten würdig sein. Nach über 100 Jahren wurde die Kirche um 1515 vollendet.

Besonders hervorzuheben sind die Emporen, die sich über beide Seiten des Langhauses erheben. Beginnend mit der Bibliothek Kurfürst Ludwigs III. im 15. Jahrhundert wurden hier beinahe 200 Jahre lang unvorstellbare Schätze an Schriften und Büchern zur weltberühmten „Bibliotheca Palatina" zusammengetragen, deren Großteil der Sammelleidenschaft des bibliophilen Kurfürsten Ottheinrich zuzuschreiben ist. Mit seinem Amtsantritt im Jahre 1556 führte er die Reformation ein, Klöster wurden geplündert, die „Palatina" wuchs. Spätestens ab diesem Zeitpunkt den Päpsten ein Dorn im Auge, war sie eine willkommene Kriegsbeute, als die katholischen Truppen unter General Johann T'Serclaes Graf von Tilly 1622 im Dreißigjährigen Krieg die „Palatina" auf Geheiß des bayerischen Herzogs Maximilian nach München entführten. Von dort wurde sie über die Alpen nach Rom transportiert und lagert bis zum heutigen Tag zum größten Teil im Vatikanischen Geheimarchiv.

> **Tipp:** Die Manfred-Lautenschläger-Stiftung ermöglichte die Digitalisierung und virtuelle Zusammenführung der deutschsprachigen und lateinischen Palatina-Handschriften – schauen Sie doch mal hinein und blättern Sie virtuell in diesem einmaligen Bücherschatz: http://digi.ub.uni-heidelberg.de/de/bpd/index.html

Nehmen Sie sich die Zeit für einen Besuch dieser außergewöhnlichen Kirche. Setzen Sie sich und lassen sich vom Farbenspiel der aus drei Jahrhunderten stammenden Fenster verzaubern.

HEILIGGEISTKIRCHE
Hauptstr. 189 · 69117 Heidelberg · Tel.: 06221/ 21117
Öffnungszeiten: Mo.–Sa., 11–17 Uhr, So., Feiert., 12.30–17 Uhr,
Turmbesichtigungen sind während dieser Öffnungszeiten möglich

Beim Verlassen der Heiliggeistkirche wendet man sich nach links und steht praktisch gleich vor der nächsten Sehenswürdigkeit: dem „Ritter".

Das heutige Hotel „Zum Ritter St. Georg" wurde 1592 von dem französischen Wallonen Charles Belier erbaut. Zwanzig Jahre zuvor war er als Glaubensflüchtling ins calvinistische Heidelberg gekommen und als fleißiger, gottesfürchtiger Mann so wohlhabend gewor-

Die frisch renovierte Fassade des Hotels „Zum Ritter St. Georg"

den, dass er sich dieses Stadtpalais – im Vergleich zu den üblichen Fachwerkhäusern – ganz aus Stein erbauen lassen konnte. Ein wortwörtlich steinreicher Mann.

Auf der 22 Meter hohen Fassade hat er nicht nur seinen tiefen Glauben in goldenen Lettern, „Soli Deo Gloria – Gott allein die Ehre", sondern auch wenig bescheiden sich selbst und die holde Gattin verewigt, und das über der Abbildung des Landesherrn Johann Casimir von der Pfalz und dessen Gemahlin Elisabeth von

Sachsen, die die Glaubensflüchtlinge hier aufgenommen haben. Direkt oberhalb des Einganges findet man das Relief eines Widders – die deutsche Übersetzung seines Namens.

Der „Ritter" hat alle Zerstörungen, auch die der Jahre 1689 und 1693, überlebt und ist damit das älteste Renaissancegebäude in Heidelberg, dessen Altstadt zwar ein mittelalterliches Gefüge, jedoch ein sonst barockes Gesicht hat.

Vor dem „Ritter" stehend, mit Blick auf die Fassade, setzt man den Rundgang nach links gerichtet weiter fort. Schlendern Sie gemütlich an den Souvenirbuden der Heiliggeistkirche vorbei und scheuen Sie sich nicht, auch ein Stück herrlichen Kitsch zu erwerben, wenn es denn Ihr Herz erfreut! Natürlich bestand das Sortiment dieser Lädchen nicht immer aus Andenken, sondern hat sich genau wie die Zeiten, die sie überdauert haben, gewandelt. Im Mittelalter und der Neuzeit reichte das Angebot von Haushaltswaren wie Kerzen, Bürsten und Besen über Brezeln bis hin zu Ablassbriefen.

Wo in früheren Zeiten Brezeln, Kerzen und Schreibstuben zu finden waren, wird heute (fast) jeder Tourist fündig

Steingasse mit Brückentor

Direkt vor Ihnen tut sich nun zwischen Heiliggeistkirche und dem Rathaus der Marktplatz auf, in dessen Mitte der Herkulesbrunnen prangt. Einen Wochenmarkt gibt es leider seit ein paar Jahren nicht mehr, samstags stehen an dieser Stelle in der Saison jedoch meist einige wenige Verkaufsstände mit zum Beispiel frischen Suppen, Fisch und – wenn Sie Glück haben – der Bratwurststand von Horst Kräher mit der besten Feuerwurst aller Zeiten.

Umrundet man nun die Heiliggeistkirche gegen den Uhrzeigersinn, vorbei an unzähligen Cafés, Bars und kleinen Restaurants mit ihren Tischen auf dem Marktplatz, kommt man unterhalb der Heiliggeistkirche wieder auf dem Fischmarkt an. Die Gasse zur Rechten, die zum Neckar hinunterführt, ist die Steingasse. Als wichtige Zufahrt von und zur Brücke erhielt sie als eine der ersten Gassen ein Steinpflaster und vermutlich damit auch ihren Namen.

Wer aus nördlicher Richtung über den Neckar nach Heidelberg reiste, war wahrscheinlich müde, hungrig und durstig. Und so kommt es, dass man bis zum heutigen Tag in der Steingasse, verglichen mit ihrer Länge und anderen Heidelberger Straßen und Gassen, die größte Dichte an Lokalitäten findet.

Tortürme der Alten Brücke

Sobald Sie am Ende angekommen sind – hier weiß man nie, wie lange es dauert – erhebt sich vor Ihnen das Brückentor, einstmals Zollstation, deren Räumlichkeiten zwischen den beiden Türmen auch schon als Gefängnis und Wohnung dienten.

Die Alte Brücke zu Heidelberg trägt ausgeschrieben und korrekt den Namen ihres Bauherren: Karl-Theodor-Brücke (den aber kein Mensch benutzt!). Unter dem letzten Wittelsbacher Kurfürsten entstand diese neunte Neckarbrücke im Jahre 1788, nachdem die letzte, noch hölzerne Vorgängerbrücke vier Jahre zuvor bei dem verheerenden Neckarhochwasser zerstört wurde. Im 19. und 20. Jahrhundert kamen dann die heutige Theodor-Heuss-Brücke und die Ernst-Waltz-Brücke als zweite und dritte Neckarquerung hinzu. Um die Brücken zu unterscheiden, sprachen die Heidelberger fortan von der „Alten" Brücke, die mit dieser Bezeichnung weltberühmt geworden ist.

Gehen Sie nun unter dem Brückentor hindurch und treffen Sie gleich auf der linken Seite das Standbild Karl-Theodors, umrahmt von den vier Flussgöttern, die allegorisch durch sein Reich fließen: Rhein, Donau, Mosel und Neckar. Nach ungefähr 50 Metern haben Sie den höchsten Punkt der Brücke erreicht. Der Blick in die östliche Richtung flussaufwärts reicht bis zu den Wiesen von Stift Neuburg, einer Benediktinerabtei aus dem 12. Jahrhundert am nördlichen Neckarufer. Auf der südlichen Seite erhebt sich das Schloss, das über 400 Jahre Residenz der Heidelberger Kurfürsten war.

Nun steht man hier oben, je nach Tageszeit umgeben von Touristen aus aller Herren Länder. Und vielleicht hört man zum Abschluss dieser Altstadtwanderung mit Blick auf den Neckar Richtung Sonnenuntergang das berühmte Lied von Fred Raymond und Fritz Löhner-Beda, das schon 1925 ein Hit wurde, gespielt von einem

Straßenmusikanten: „Ich hab'
mein Herz in Heidelberg verloren, in einer lauen Sommernacht. Ich war verliebt bis
über beide Ohren, und wie
ein Röslein hat ihr Mund ge-
lacht."

Jetzt haben Sie sich die Ein-
kehr in einem der typischen
Lokale redlich „erwandert".
„Fröhlich Pfalz, Gott erhalt's!"
(Karl Gottfried Nadler)

Blick von der Alten Brücke nach Westen

Auch in Heidelberg gibt es sie: die Liebesschlösser, deren Schlüssel auf dem
Grund des Neckars liegen

Mit dem Rolli durch
die Altstadt bis zur
Molkenkur

Mit dem Rolli durch die Altstadt bis zur Molkenkur

… für Heidelberger und „Neigeblaggde", die net so gut zu Fuß sinn

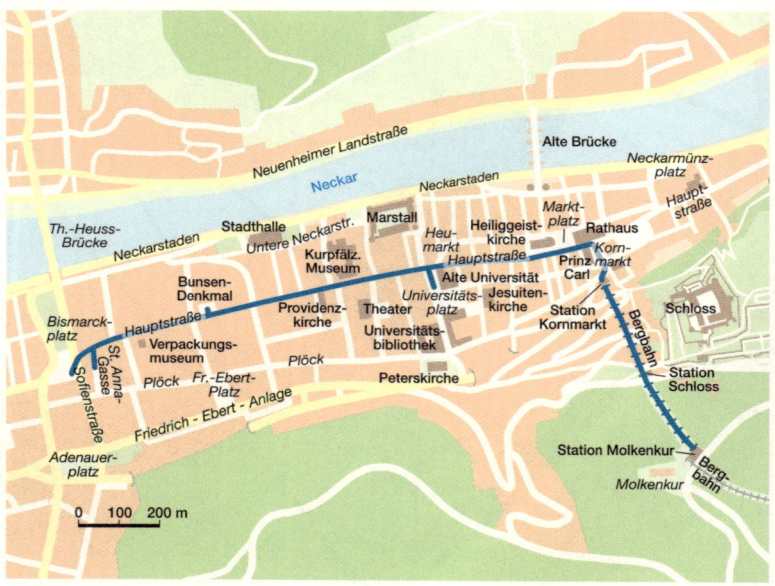

Eines muss man vorausschicken: Die Heidelberger Busse und Bahnen sind auf Rollstuhlfahrer eingestellt, daher ist die Anreise mit den „Öffentlichen" eine recht einfache – und man kann sich getrost an den Anfahrtsinformationen der Einkaufsverführung (siehe S. 92ff.) und des klassischen Altstadtspazierganges orientieren. Viele Rollifahrer reisen jedoch gerne mit dem eigenen Auto und können bei dieser Tour durch die Altstadt an verschiedenen Punkten parken bzw. einfach in die Route einsteigen.

Dauer: ca. 1,5 Stunden
Länge: ca. 1,5 km
Strecke: größtenteils eben, meist kleines, im hinteren Altstadtteil
grobes Kopfsteinpflaster, besonders in den Seitengassen
Bergbahn: Mit Rolli nutzbar
Internet: www.heidelberg.huerdenlos.de

Auswahl an barrierefreien Parkmöglichkeiten in der Altstadt:
— vor Galeria Kaufhof/ Sofienstraße
— beim Juristischen Seminar/ Friedrich-Ebert-Anlage
— vor der Volksbank Kurpfalz/ Akademiestraße
— Ecke Heiliggeiststraße/ Mönchsgasse
— vor der Stadthalle/ Jubiläumsplatz/Neckarstaden
— an der Unibibliothek/ Grabengasse
— vor der Alten Brücke/ Neckarstaden
— am Schloss Heidelberg

„Hübsch" verklebt, dennoch ersichtlich – das Parkschild am Bismarckplatz/
Sofienstraße

Im Sommer und bei trockenem Wetter ein perfekter erster Stopp

Wir starten am Anfang der Hauptstraße. Überqueren Sie die Sofienstraße an der Ampel an der Hof-Apotheke und machen sich auf den Weg Richtung Osten. Die Heidelberger Hauptstraße ist die längste Fußgängerzone Deutschlands, durch die bis 1978 zweigleisig die Straßenbahn fuhr, Autoverkehr sich quälte und Fußgänger versuchten, von beidem nicht erlegt zu werden. An den Pflasterfarben der Hauptstraße kann man noch den Schienenverlauf erahnen.

Ihnen wird auffallen, dass, so eben die Straße auch aussieht, der Rollstuhl unweigerlich in die Mitte zieht. Es bedarf eines starken linken Arms, wenn Sie sich dem Fluss der Fußgänger anpassen möchten. Geschuldet ist dies dem Untergrund, auf dem die Schienen damals leicht erhöht verlegt waren.

Wenn Sie Lust haben, biegen Sie gleich nach rechts in die St.-Anna-Gasse ein. Es ist vielleicht noch etwas früh für die erste Pause, aber wenn es Ihnen nach feinsten italienischen Pralinen, Kaffee oder Eis gelüstet, sind Sie in der Chocolaterie St. Anna bei Guiseppina Ehmann genau richtig. Im Sommer kann man an kleinen Minitischchen schön vor dem Haus sitzen, leider ist der Laden nur über zwei Stufen zu erreichen. Das freundliche Personal bringt jedoch jeden Wunsch nach draußen.

Zurück auf der Hauptstraße, erreichen Sie nach ungefähr 80 Metern auf der rechten Seite die Buchhandlung Schmitt & Hahn, in deren heutigen Räumen sich im 19. Jahrhundert das Henkerhaus befand. Franz Wilhelm Widmann, dessen Amt des Scharfrichters der Stadt bis 1865 vererbt wurde, hatte 1812 nicht nur vier Mitglieder der berühmt-berüchtigten Hölzerlips-Bande geköpft, sondern 1820 auch Karl Ludwig Sand, den Mörder August Kotzebues. Wiederum eine Empfehlung: Fahren Sie hinein – alles ist barrierefrei erreichbar. In den ersten Stock zur Reiseliteratur führt ein gläserner Fahrstuhl.

Weiter geht es rechterhand die Hauptstraße entlang. In diesem gesamten vorderen Bereich der Altstadt stellt das Kopfsteinpflaster noch kein großes Hindernis dar. In der

Einfach und leicht ist das Stöbern und Schmökern bei Schmitt & Hahn in der Hauptstraße

Akademiestraße auf der rechten Seite gegenüber der Volksbank Kurpfalz gibt es wieder drei ausgewiesene Parkplätze. Ca. 50 Meter weiter die Hauptstraße entlang liegt auf der linken Straßenseite der Anatomiegarten mit einer überlebensgroßen Bronzestatue des Chemikers Robert Bunsen. Bunsen hatte 44 Jahre in Heidelberg gelebt, gewirkt und geforscht und war aufgrund seiner offenen und leutseligen Art bei den Heidelberger Bürgern sehr beliebt. Dieser Tatsache ist es auch zu verdanken, dass das Denkmal immer noch steht und in zwei Weltkriegen nicht zu Kanonen umgeschmolzen wurde. Das große Gebäude hinter Bunsens Rücken ist der 1863 errichtete Friedrichsbau – benannt nach dem damaligen Großherzog von Baden, Friedrich I. –, der heute das Psychologische Institut der Universität beheimatet. Das anatomische Institut, das dem Vorplatz mit dem Denkmal Robert Bunsens seinen Namen gegeben hat, befand sich auf diesem Grund der alten Dominikanerkirche, dessen Räume teilweise als Sektionssaal und Leichenkammer genutzt wurden. Erst

Anfang der 1970er Jahre zog die Anatomie ins Neuenheimer Feld und der ganze Friedrichsbau wurde von den Psychologen übernommen.

Selbstredend kennt so gut wie jeder den Namen Robert Bunsens und assoziiert diesen mit ersten Geh- bzw. Kokelversuchen im Chemieunterricht oder dem Erwärmen einer leckeren Dosenmahlzeit während einer Konfirmandenfreizeit im Odenwald. So auch viele englischsprachige Gäste – diese aber reden vom „Bansenbörner"

Dem Anatomiegarten direkt gegenüber liegt das 1707 errichtete barocke Stadtpalais, das „Haus zum Riesen", heute Sitz des Instituts für Übersetzen und Dolmetschen der Universität.

Seinen Namen hat es von der großen Statue des Erbauers, Generalleutnant Eberhard Friedrich von Venningen, oberhalb des Bal-

Rendezvous mit Professor Bunsen am Anatomiegarten

Das „Haus zum Riesen" gegenüber des Anatomiegartens

kons über dem Eingang. Baumeister war Johann Adam Breunig, der in Heidelberg im barocken Wiederaufbau des 18. Jahrhunderts ebenfalls das Jesuitenkolleg und die Alte Universität schuf. Kurfürst Johann Wilhelm gestattete es dem Bauherrn, Steine des Dicken Turmes aus der Ruine des Heidelberger Schlosses für sein Palais zu verwenden.

Seit Mitte des 19. Jahrhunderts gehört das Anwesen der Universität und beherbergt seither diverse Institute, so auch einen Teil des Chemischen und Physikalischen, in dem Robert Bunsen gemeinsam mit Gustav Kirchhoff die Spektralanalyse erforschte, woran eine Tafel an der rechten äußeren Seite der Fassade erinnert.

Vom Anatomiegarten geht es weiter im Verlauf der Hauptstraße. Nach 80 Metern halten Sie kurz inne: Am Haus auf der linken Seite mit der Nummer 59 erinnert leider keine Tafel an den Aufenthalt eines jungen Studenten in den Jahren 1807 und 1808. Joseph Freiherr von Eichendorff kam in Begleitung seines Bruders Wilhelm im Frühjahr 1807 nach Heidelberg, um bei Anton Friedrich Justus Thibaut und Joseph Görres juristische Vorlesungen zu hören, wurde

Die „unbequeme" Ziegelgasse

aber schon bald vom Zauber der hier herrschenden Heidelberger Romantik umfangen. Bereits kurz nach seiner Ankunft verliebte er sich in Katharina Barbara Förster, eine aus Rohrbach stammende Küferstochter, die im Haushalt ihres Bruders, der nämlich just in der Hauptstraße 59 eine Bäckerei führte, aushalf. Und genau dort hatten sich die Eichendorff-Brüder einquartiert.

Es muss eine wunderschöne junge Liebe gewesen sein, die jedoch jäh endete – die entsprechenden Seiten aus Eichendorffs Tagebuch, in der er Katharina nur als „K" bezeichnet, wurden herausgerissen. Er verließ Heidelberg und heiratete 1815 „standesgemäß". Katharina hat nie geheiratet, verstarb 1837 im heutigen „Schnookeloch" in der Haspelgasse und fand ihre letzte Ruhestätte auf dem Friedhof der Peterskirche.

Nach so viel Herz und Schmerz machen Sie sich auf und fahren weiter dem Verlauf der Hauptstraße folgend. An der nächsten Kreuzung haben Sie wieder die Wahl, nach rechts einen kleinen Schlenker in die Märzgasse mit ihren vielen kleinen Gastronomiebetrieben zu machen oder einen Blick auf das „schwierige" Kopfsteinpflaster

der Ziegelgasse zu werfen –
Das lassen Sie aus!

An der nächsten Straßenecke zur Karpfengasse auf der linken Seite halten Sie bitte nochmals an und schauen nach oben. Hier steht das steinerne Standbild des in Heidelberg so bekannten Hofnarren und Zwerges Perkeo, der tatsächlich nur 1,10m an Körpergröße gemessen haben soll. Weitaus größer war seine Trinkfestigkeit; es heißt, er habe seit seiner Kindheit ausschließlich Wein konsumiert. Seinen Namen, ursprünglich hieß er Clemens, bekam er daher, dass er immer, wenn er einen Becher Wein angeboten bekam, antwortete: „Perchè no?", was die Heidelberger

„... an Wuchse klein und winzig, an Durste riesengroß ..." – Hofnarr Perkeo an der Ecke zur Karpfengasse

nicht verstanden und ihn so Perkeo tauften. Unter Kurfürst Karl Philipp kam er wahrscheinlich 1718 aus dem südtirolischen Salurn nach Heidelberg und beeindruckte hier nicht nur mit besagter Trinkfestigkeit, sondern auch durch seine Schlagfertigkeit. Heute tragen seinen Namen nicht nur das im Haus befindliche Hotel und Restaurant, sondern auch die Perkeo-Gesellschaft Heidelberg, eine 1907 gegründete Karnevalsgesellschaft, DIE Heidelberger Karnevalsgesellschaft schlechthin.

Gestorben soll er sein, als man ihm riet, etwas weniger Wein und dafür mehr Wasser zu trinken, was er tat und einen Tag später nicht mehr unter den Lebenden weilte. Andere behaupten, er sei vergiftet, in Säure aufgelöst und dann entsorgt worden. Dieser Vorstellung möchte man besser nicht nachgehen ...

Bereits 1846 verewigte Joseph Victor von Scheffel ihn in einem Gedicht:

Das war der Zwerg Perkeo
Im Heidelberger Schloß,
An Wuchse klein und winzig,
An Durste riesengroß.
Man schalt ihn einen Narren,
Er dachte: »Liebe Leut,
Wärt ihr wie ich doch alle
Feuchtfröhlich und gescheut!

Nun ist es wirklich Zeit für eine kleine Pause, die sich ganz hervorragend nach weiteren 40 Metern auf der rechten Seite in Gestalt des „Schmelzpunkts" anbietet. Allerfeinste außergewöhnliche Eissorten, Waffeln, Pralinen, Kaffee und Schokolade gibt es im Sommer auf der Straße und bei kälterem Wetter im schönen Innenraum. Auch gibt es hier eine barrierefrei zugängliche Toilette.

Eine Pause, die man sich gönnen sollte – außergewöhnliche Eissorten und andere Leckereien

SCHMELZPUNKT
Hauptstraße 90 · 69117 Heidelberg
Tel.: 06221/5860559 · www.schmelzpunkt-heidelberg.de
Öffnungszeiten: Mo. – Do., So., 11 – 21 Uhr, Fr., Sa., 10 – 22 Uhr

Frisch gestärkt geht es weiter auf der Hauptstraße bis zum Universitätsplatz, wo auch der klassische Altstadtspaziergang beginnt, der allerdings einige denkmalgeschützte Barrieren aufweist …

Wenn es Sie jedoch gleich weiter gen Osten zieht, folgen Sie der Hauptstraße bis zum Marktplatz. Lassen Sie diesen linker Hand liegen und fahren rechts am Rathaus vorbei bis zum Ende der Fußgängerzone. Der Kornmarkt selber ist mittelalterlich gepflastert und könnte je nach Beschaffenheit des Rollstuhls eine Herausforderung darstellen. Der Gehweg am Ende der Hauptstraße ist jedoch abgesenkt, sodass Sie den Fußgängerbereich problemlos verlassen und auf der Seite bei der Volksbank Kurpfalz auf der ebenfalls abgesenkten Ecke den Weg wieder befahren können. Hier geht es nun Richtung Talstation der Bergbahn, die Sie gleich nach wenigen Metern vor sich liegen sehen. Die Einfahrt für Rollifahrer befindet sich am rechten hinteren Ende. Hier gibt es übrigens ebenfalls eine barrierefrei zugängliche Toilette.

BERGBAHN
Fahrplan: tägl. alle 10 Minuten, Apr. – Sept., 9 – 20 Uhr, letzte
Talfahrt um 20.03 Uhr ab Schloss; Okt. – Mrz., 9 – 17.10 Uhr, letzte
Talfahrt um 17.43 Uhr ab Schloss.
Preis: 8 €, ermäßigt 4 € (inkl. Eintritt zum Schlosshof, Fasskeller
und Deutschen Apotheken-Museum)

Beim Kaufen des Bergbahn- bzw. Schlosstickets erhalten Sie eine zusätzliche Karte, mit der Sie den breiteren Durchgang auf der linken Seite passieren können. Den eigentlichen Einstieg in die Bahn

Sabine mit dem CBF-Schlüssel in der Bergbahnstation

Es gibt immer freundliche helfende Hände der Bergbahnmitarbeiter

erreichen Sie über einen Aufzug mit offener Hebebühne, bei deren Benutzung das freundliche Personal der Bergbahn Ihnen behilflich sein wird. Die Hebebühne der Heidelberger Bergbahn lässt sich auch mit dem Euroschlüssel des CBF Darmstadt e. V. bedienen. Informationen hierzu finden Sie auf der Internetseite cbf-da.de.

Bevor Sie die Bahn besteigen, drücken Sie auf der rechten Seite des ersten Abteils noch einen gut sichtbaren Hinweisknopf, der eine Überbrückung zwischen Bahn und Bahnsteig ausfahren lässt. Im ersten Abteil befindet sich ausreichend Platz für zwei Rollstühle.

Los geht's – 88 Sekunden bis zum Schloss, wo die meisten Fahrgäste aussteigen werden. Sie bleiben jedoch noch im Waggon und fahren das letzte, mit 43 Prozent Steigung auch steilste Stück der Strecke bis zur Molkenkur. Beim Ausstieg achten Sie bitte auch wieder auf das Knöpfli für das Stückli (die Bahn kommt schließlich aus der Schweiz ...) zum Ausfahren.

Hier wird Ihnen wieder ein freundlicher Mitarbeiter in den nächsten Lift helfen, der Sie bis nach oben zu der alten Station begleitet.

Von hier haben Sie einen traumhaften Blick auf die Stadt und den gegenüberliegenden Heiligenberg. Im „Riosk" gibt es regionales Bier, regionalen Wein, regionale Limo und alles, was man sich an einem Ausflugskiosk wünschen kann.

Ab Molkenkur fährt seit 1907 die Historische Bahn bis ganz nach oben zum Königstuhl. Aufgrund mehrerer Stufen bis zur Bahn ist diese ohne Begleitung aber leider nicht nutzbar.

Hinunter geht es mit dem gleichen Procedere wie „nuff zus". Wenn Sie am Ende wieder am Kornmarkt angekommen sind, hören Sie zum Abschluss vielleicht die Klänge von „Ich hab' mein Herz in Heidelberg verloren". Auf dem Dach der Ostseite des Rathauses lassen seit 1961 24 Bronzeglocken, die noch in der Heidelberger Glockengießerei Schilling gegossen wurden, Musikstücke erklingen, die den Jahreszeiten entsprechend wechseln. Täglich um 07.55 Uhr, 15.55 Uhr und 18.55 Uhr – ein schöner Abschluss.

Bergbahnstation Molkenkur

Das Glockenspiel auf der östlichen Seite des Heidelberger Rathauses

Das
Heidelberger Schloss

's war Heidelberg, das sich erwählten
Als Freudenort die Neuvermählten.
Wie lieblich wandelt man zu zwei'n
Das Schloss hinauf im Sonnenschein.

Wilhelm Busch
aus „Die fromme Helene"

Das Heidelberger Schloss

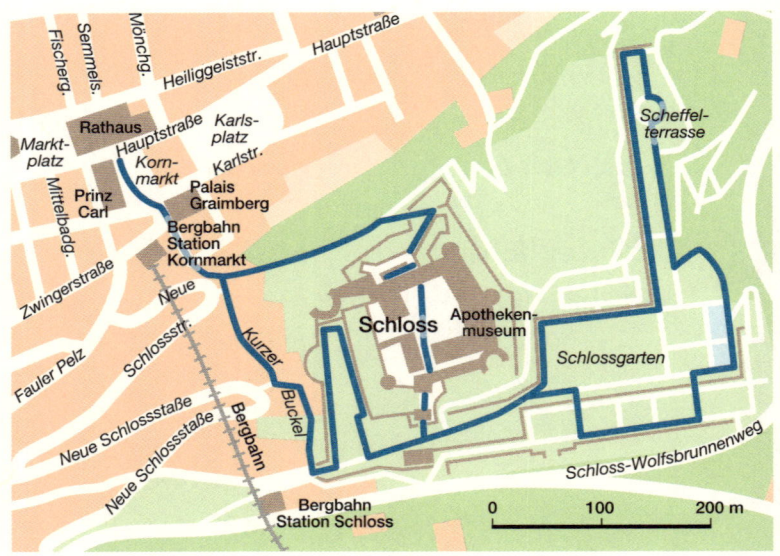

Dauer: 1,5 Stunden

Länge: ca. 2,5 km

Strecke: 314 Stufen aufwärts, steiler Weg abwärts – alternativ mit der Bergbahn

Anfahrt: Bus 33, Station Rathaus/Bergbahn Kornmarkt

Eine Warnung gleich zu Beginn: Wenn Sie tatsächlich zum Schloss „hinaufwandeln" wollen, sollten Sie über eine ausreichende Kondition verfügen. Die gute Nachricht ist: Sie dürfen diesen Spaziergang natürlich auch ohne Trauschein unternehmen. So manches Fleckchen im Schlossgarten eignet sich jedoch hervorragend für romantische Anträge …

Ganz gleich, ob Sie sich für den Fußweg oder die Fahrt mit der Bergbahn hinauf zum Schloss entscheiden, blicken Sie sich auf dem Kornmarkt erst einmal um.

Kornmarkt-Madonna mit Schloss im Hintergrund

An seine nördliche Seite grenzt der Südflügel des Rathauses, mit den Amtsräumen des Oberbürgermeisters hinter einem schmalen Balkon. Links vom Rathaus sehen Sie den Marktplatz und die Fußgängerzone, die übrigens nach dem Kornmarkt endet. Rechter Hand verläuft die Hauptstraße weiter Richtung Osten bis zum Ende der Kern-Altstadt. In der Mitte des Kornmarktes erhebt sich über einem Brunnen, mit goldenem Strahlenkranz um das Haupt, die Statue einer Madonna mit Kind. Aufgestellt wurde sie 1718 unter Kurfürst Karl Philipp, um die Gegenreformation in der Kurpfalz anschaulich zu unterstützen. Unter freiem Himmel wurden hier katholische Messen gefeiert, die sich eines großen Zulaufs – auch von Protestanten aus der Heidelberger Bevölkerung – erfreuten, was unter Umständen dem anschließenden Ausschank von Freibier zuzuschreiben war.

Zählen Sie doch mal die Sterne im Heiligenschein: Es sind zwölf – genauso viele wie in der europäischen Flagge.

Wenn Sie den Kornmarkt nun in südlicher Richtung überqueren und am besten gleich auf die linke Straßenseite wechseln, sehen Sie die Hinweisschilder zur Bergbahn und zum „Kurzen Buckel", der Sie über 314 Stufen zum Schloss führt – hier treffen Sie bitte eine Entscheidung!

SCHLOSSTICKET
beinhaltet die Hin- und Rückfahrt mit der Bergbahn
(Dauer: 88 Sekunden) und den Schlosseintritt
Fahrplan: tägl. alle 10 Minuten, Apr. – Sept., 9 – 20 Uhr,
letzte Talfahrt um 20.03 Uhr ab Schloss; Okt. – Mrz., 9 – 17.10 Uhr,
letzte Talfahrt um 17.43 Uhr ab Schloss.
Preis: 8 €, ermäßigt: 4 €

Wenn Sie den Fußweg wählen, stellt man Sie gleich nach wenigen Metern vor eine weitere Entscheidung: die besagten 314 Stufen oder den Burgweg. Über den schicken wir Sie am Ende aber hinunter, daher nehmen Sie die Stufen – „do sehe Sie a ä bissl mehr ..."

Beginnen Sie mit dem Aufstieg, eine erste Verschnaufpause können Sie sich gönnen, wenn Sie die Haarnadelkurve der Neuen Schlossstraße erreicht haben. Wunderschöne Villen des 19. und frühen 20. Jahrhunderts aus rotem Sandstein schmiegen sich hier an die Zufahrtstraße zum Schloss.

Folgen Sie den Stufen weiter Richtung Schloss, vorbei an dem eingezäunten Garten und dem Haus der Burschenschaft „Normannia" – einer farbentragenden und schlagenden Studentenverbindung. Insgesamt gib es in Heidelberg 35 studentische Verbindungen, davon zwei weibliche akademische Vereinigungen. 13 dieser Verbindungen sind schlagend, was bedeutet, dass Fechtduelle untereinander und zwischen Mitgliedern anderer Verbindungen nach strengen Regeln ausgetragen werden. Sollten bei einer solchen Mensur die Duellanten eine Verletzung am Kopf oder im Gesicht davontragen, spricht man von einem sogenannten „Schmiss".

Hinter der „Normannia" knickt der Weg im rechten Winkel nach rechts und führt zur Linken vorbei am Hühnerhaus des Schlosses.

Stückgarten im Herbstlicht

Um der Hofgesellschaft das morgendliche Krähen des Federviehs zu ersparen, brachte man es abseits der Palastbwauten in einem separaten Haus unter. Mit einer letzten Anstrengung erreicht man nun das obere Ende des „Kurzen Buckels". Rechter Hand liegt ein weiteres

Tipp: Mit Ihrem Schlossticket können Sie auch bis zur Station Molkenkur fahren und dabei das steilste Stück der gesamten Strecke mit einer Steigung von 43 Prozent erleben. Aussteigen lohnt sich allemal – ein sehr netter Kiosk mit regionalen Produkten, der „Riosk", lädt zu einem Kaffee, einer Limo oder einem „Heidelbeer(g)-Secco" ein, bevor Sie wieder hinunterfahren und die Schlosstour fortsetzen.

Verbindungshaus – das der Leipziger Landsmannschaft „Afrania". Hier wartet ein freundlicher kleiner Kiosk direkt an der Treppe mit Erfrischungen auf. Auch diejenigen, die die weniger atemraubende Fahrt mit der Bergbahn vorgezogen haben, stoßen nun hier von der schräg gegenüberliegenden Station „Schloss" wieder hinzu.

Durch ein großes Tor betreten Sie nun als erstes den Stückgarten des Schlosses, den Kurfürst Ludwig V. als Verteidigungswall um 1533 errichten ließ. Von den Stücken, einer alten Bezeichnung für Kanonen und Geschütze, die hier nach Westen aufgestellt wurden, erhielt dieser Teil des heutigen Gartens seinen Namen.

Biegen Sie direkt nach links ab und folgen dem Weg, bis Sie an der Brüstung auf der linken Seite auf eine kleine Mauer stoßen. Hierbei handelt es sich um die Überreste eines Vogelhauses, welches Kurfürst Friedrich V. über 80 Jahre nach dem Aufschütten des Westwalls erbauen ließ und das den Garten nach Süden abschloss. Eine Gedenktafel an dieser Mauer erinnert an ein letztes Treffen Johann Wolfgang von Goethes mit der jungen Marianne von Willemer in Heidelberg im Jahre 1815.

Davon, dass Goethe Heidelberg insgesamt acht Mal besuchte, berichten auch die Gästeführer bei ihren Stadt- und Schlosstouren. Und manchmal schwingt ein gewisser Stolz mit, dass der Dichterfürst eine so große Zuneigung zu unserer Stadt gefasst hatte. Leicht verdutzt hingegen war die Autorin, als statt des üblichen „Ach-wer-

Blick auf die Altstadt mit Heiliggeistkirche, Alter Brücke und Heiligenberg

hätte-das-gedacht"-Gemurmels der Gäste an einem heißen Sommertag der Kommentar einer Dame lapidar lautete: „Mache Se doch kä Gschieß, der Goethe war doch iwwerall …"

Schlendern Sie nun weiter entlang der Brüstung bis zum Rondell, von dem nur noch die Hälfte verblieben ist, und genießen Sie von hier aus einen traumhaften Blick über die Dächer Heidelbergs. Sie sehen auch den Neckar, den gegenüberliegenden Heiligenberg, und an klaren Tagen blicken Sie sogar bis in die Rheinebene zu den Pfälzer Bergen und der Deutschen Weinstraße, eine Entfernung vom Heidelberger Schloss bis nach Bad Dürkheim von knapp 50 km.

Am Ende des Stückgartens erheben sich die Überreste des Dicken Turms mit den riesigen Fenstern auf seinen Mauern. Unter Kurfürst Ludwig V. wurde dieser Wehrturm mit einem Durchmesser von knapp 30 Metern gebaut. Kurfürst Friedrich V. ließ das Dach abtragen und nach dem Vorbild des Globe Theatres in London ein rundes Theater daraufsetzen. Von diesen ganzen Umbaumaßnahmen berichtet auf Lateinisch eine Steintafel auf der Südseite des Turmes, flankiert von den Statuen Ludwigs V. zur linken und Friedrichs V. zur rechten Seite. Der Anfang dieser Inschrift lautet folgendermaßen:

„LVDOVICVS. COM(es). PAL(atinus). R(heni) ELEC(tor). DVX. BAVAR(iae). / MOLEM. HANC EXSTRUXIT. A(nno) C(hristi). MDXXXIII."

Schön war der Hinweis eines Gastes, dass die Kurfürsten ja bereits eine Website hatten, schließlich beginne doch der Text auf der Tafel mit: „Ludovicus.com …" Aber das Googeln können Sie sich sparen: www.ludovicus.com ist eine brasilianische Kosmetikfirma.

Folgen Sie dem Weg weiter entlang der Balustrade. Links sehen Sie die westlichen Seiten des Königssaales, des Bibliotheks- und des Ruprechtsbaus (in dieser Reihenfolge) sowie den Hirschgraben tief unten. Die Mauer, die sich vor dem Ruprechtsbau erhebt, war zu dessen Entstehung zu Beginn des 15. Jahrhunderts die Westmauer des Schlosses. Sehr schön kann man hier erkennen, dass das Heidelberger Schloss nicht als einheitliches Bauwerk entstanden ist, sondern seit seiner ersten Erwähnung im Jahre 1225 über 400

Statuen der Kurfürsten Ludwig V. und Friedrich V. am Dicken Turm

Jahre lang immer erweitert und ergänzt wurde. Der Charakter einer mittelalterlichen Burg lässt sich schon aufgrund der Lage des Areals nicht leugnen: Oberhalb der Stadt gelegen, mit einem Berg im Rücken und einem weiteren Berg gegenüber, sozusagen das Neckartal und die Rheinebene kontrollierend, war sie eine ideale Feste.

Erst Friedrich V. gab der Anlage ab 1613 aus dem schönsten Grund der Welt ihren Schlosscharakter: die Liebe zu seiner Gemahlin Elizabeth Stuart, der Tochter des englischen Königs Jakob I. Die Ehe der beiden 17-Jährigen wurde, wie zur damaligen Zeit üblich, arrangiert, aber als Friedrich nach London reiste und die beiden sich das erste Mal gegenüberstanden, verliebten sie sich unsterblich ineinander. Als Elizabeth nach Heidelberg kam, soll sie allerdings ausgerufen haben: „Welch ein Loch!"

Friedrich setzte alles daran, seiner englischen Prinzessin in Heidelberg den Himmel auf kurfürstlichen Erden zu bereiten. Den Stückgarten mit seinen Geschützen ließ er in einen Lustgarten umwandeln, der „englische Bau" wurde zwischen den Dicken Turm

Elisabethentor

und den Fassbau eingefügt. Für den östlichen Teil des Schlossgelän-
des holte er den aus Frankreich stammenden Gartenarchitekten Sa-
lomon de Caus, der mit dem „Hortus Palatinus", dem Pfälzischen
Garten, einen noch nie dagewesenen Renaissancegarten schuf – ein
Meisterwerk seiner Zeit, das auch als achtes Weltwunder betitelt
wurde! All das allerdings auf Kosten der Wehrhaftigkeit der Schloss-
anlage!

Jetzt dürfen Sie wieder „wandeln": durch das Elisabethentor hindurch am Ende des Stückgartens. Anlässlich ihres 19. Geburtstages
im Jahre 1615 überraschte der verliebte Kurfürst seine Gattin mit
diesem Tor, das in einer Nacht errichtet worden sein soll. Auf den
Säulen, die den Bogen symbolisch stützen, ließ er kleine Tiere „ver-
stecken", und für jedes Tierchen, das Elisabeth fand, erhielt sie einen
Kuss von ihrem Friedrich. Meine Herren, lassen Sie sich inspirieren …

Folgen Sie dem Weg weiter nach Osten, erst einmal vorbei am
Eingang zum Schlosshof zur Linken und der Sattelkammer zur
Rechten. Nach ungefähr 100 Metern haben Sie den „Hortus Palati-

„Für jedes Tierchen einen Kuss …"

Kraut- bzw. Pulverturm

nus" erreicht. Auf der linken Seite beeindruckt der Kraut- bzw. Pulverturm, dessen südlicher Teil bei der Zerstörung 1693 abgesprengt wurde und heute noch an der Stelle liegt, auf die er damals stürzte. Auf einer Tafel gegenüber der Brüstung können Sie das Abbild eines Kupferstiches nach Matthäus Merian betrachten, der den „Hortus Palatinus" und die Schlossanlagen im Jahre 1620 von Osten her darstellt.

Nach weiteren 50 Metern gehen Sie rechts über eine Treppe hinauf auf die obere Terrasse der Gartenanlage.

Großes Gartenparterre im „Hortus Palatinus" mit Apothekerturm

Folgen Sie hier dem Weg und genießen den Blick auf den Garten und die noch sichtbaren Reste der Grotten und Bäder auf der darüber liegenden obersten Ebene. Die nächste Treppe gehen Sie wieder hinunter und stoßen auf die Grotte und das Wasserparterre mit dem „Vater Rhein". Lassen Sie den Rhein rechts liegen, und sollten Sie Kinder dabei haben, halten Sie diese gut fest: Das Wasser hat im Frühling mit unzähligen Kaulquappen eine geradezu magische Anziehungskraft – hier schreibt eine Mutter mit Erfahrung!

Nachdem Sie ungefähr 150 Meter am Hang zum Berg weiter Richtung Norden gelaufen sind, erblicken Sie auf der rechten Seite kurz vor der Wegbiegung eine aus Muschelkalkstein gebaute Bank, die Goethebank, die in ihrer Mitte ein Medaillon mit einem Wiedehopf trägt. Die eingemeißelten Verse auf der Rückenlehne stammen aus Goethes Werk „West-östlicher Divan", in das einige Gedichte von Marianne von Willemer eingeflossen sind. Gäbe es eine Skala zur Messung romantischer Orte, stünde dieser hier ganz weit oben …

Nur ein kleines Stück weiter hat man 1922 eine Büste Goethes aufgestellt, an der man vorbeiläuft – besser: schlendert –, um dann

Goethebank im hinteren Teil des „Hortus Palatinus"

gleich rechts auf die Terrasse einzubiegen, die an ihrem nördlichen Ende endlich den Namen Scheffelterrasse bekommt. Joseph Victor von Scheffel hatte ab 1844 in Heidelberg Rechtswissenschaften studiert, war nacheinander Mitglied in drei Studentenverbindungen und hatte sein studentisches Leben wohl sehr genossen. In einem Brief seiner Mutter an ihren Sohn hieß es ungefähr: „Du rauchst zu viel, Du saufst zu viel, Du wirst ein Lump am End', Du sollst mir nicht mehr bleiben in Heidelberg Student!"

Das Denkmal, das man ihm Ende des 19. Jahrhunderts errichtet hatte, wurde 1942 eingeschmolzen, und erst in den 1970er Jahren rückte an seine Stelle das hier sichtbare Medaillon.

Nachdem Sie hoffentlich ausgiebig den Blick auf die Stadt und das Schloss von hier aus genossen haben, machen Sie einfach eine Kehrtwende und laufen wieder an der Balustrade entlang Richtung Schloss zurück. Schauen Sie mal den Hang hinunter: Dort unten gibt es im Sommer für einige Wochen eine kleine Rinderherde, die natürlichste Weise, das Gras auf diesem steilen Hang kurz zu halten. Sie grasen sozusagen in Staatsdiensten! Auch verbergen sich überall

Blick von der Scheffelterrasse auf die
Altstadt und Neuenheim

lauschige Ecken, in denen man
ungestört ein gutes Buch lesen,
für das Studium lernen, über
den Sinn des Lebens nachden-
ken oder sich in aller Ruhe fragen kann, wann das eigene
Herz endlich in Heidelberg
verloren geht und hoffentlich
schnell gefunden wird …

Am Ende biegen Sie nach
der Balustrade rechts ab und
folgen dem Weg wiederum bis
zum Ende dieses Gartenab-
schnitts. Vor Ihnen liegt nun

Ein Garten und seine lauschigen Plätze

die östliche Seite des Schlosses mit dem Kraut- bzw. Pulverturm zur Linken, gefolgt vom Apothekerturm mit anschließendem Ottheinrichsbau und ganz rechts außen schließlich dem Glockenturm.

Sie befinden sich nun auf dem gleichen Weg, den Sie vorhin in Richtung Garten gelaufen sind, nur dieses Mal biegen Sie durch das Brückenhaus in den Schlossinnenhof ab. Achtung: Hier brauchen Sie das Schlossticket. Sollten Sie nicht mit der Bahn gefahren sein, kaufen Sie sich das Ticket im Besucherzentrum schräg vis-à-vis des Eingangs.

Nach der Kartenkontrolle kommen Sie als erstes auf die Brücke, auf der Sie vielleicht bei viel Betrieb einfach weitergeschoben werden. Verweilen Sie jedoch einen Moment und blicken nach links, wo Sie einen schönen Blick auf Hirschgraben, Stückgarten und einen Gefängnisturm haben, der den vielsagenden Namen „Seltenleer" trägt, in dem in der Zeit des abendländischen Schismas im Jahre 1415 sogar ein Gegenpapst inhaftiert war. Von der rechten Seite aus zeichnete Goethe 1779 den Krautturm, was auch auf einer Tafel, eingelassen an dieser Stelle der Brüstung, zu lesen ist.

> **SCHLOSS HEIDELBERG**
> Schlosshof 1 · 69117 Heidelberg
> Tel.: 06221/538431 · www.schloss-heidelberg.de
> Öffnungszeiten: tägl., 8 – 18 Uhr
> Apothekenmuseum: Apr. – Okt., tägl. 10 – 18 Uhr, Nov. – Mrz.,
> tägl. 10 – 17.30 Uhr
> Eintritt: 8 €, ermäßigt 4 € (inkl. Bergbahn)

Bevor Sie nun durch das Tor laufen, blicken Sie noch einmal nach oben: Zwei imposante Riesengestalten als Torwächter stehen den beiden mit den Insignien der Heidelberger Kurfürsten ausgestatteten Löwen zur Seite, quasi als Begrüßungskomitee der ankommenden Gäste. Die Mitte wirkt kahl und leer, offensichtlich fehlt etwas …

Vor der Sprengung des Schlosses durch die französischen Truppen wurde das silberne Wappen der Wittelsbacher, die seit dem 13. Jahrhundert hier herrschten, „entwendet". Ludwig XIV. ließ eine Ge-

„Riesen" und kurpfälzische Löwen an der Südseite des Torturmes

denkmünze daraus prägen, die die Inschrift *„Heidelberga deleta"* (lat.: Heidelberg ist zerstört) trug und mit der er die endgültige Zerstörung der Residenz zelebrierte. Nicht zuletzt die Gräueltaten in der Kurpfalz begründeten das, was in die deutsch-französische Geschichte als „Erbfeindschaft" eingehen und bis ins 20. Jahrhundert andauern sollte. Der englische Poet William Somerset Maugham drückte es jedoch folgendermaßen aus: „Niemand macht so schöne Ruinen wie die Franzosen!"

Durch das große hölzerne Tor können Sie bereits einen Blick in den Schlosshof werfen. Beim Hindurchgehen achten Sie jedoch am linken Flügel des Tores auf den eisernen Ring. Der Sage nach wird demjenigen, dem es gelingt, diesen Ring mit seinen Zähnen zu durchbeißen, das ganze Schloss gehören. Die Hexe Jetta versuchte sich daran bereits im Mittelalter, man kann noch deutlich die Spuren ihrer Anstrengung sehen, aber vergebens …

Es sind aber nicht nur die Zeugnisse aus Stein und Eisen, die von der langen und ereignisreichen Geschichte unseres Schlosses berichten. Der Holunderbaum, den Sie rechts vor der Brunnenhalle im Innenhof sehen, wurde bereits auf einer Fotografie aus dem Jahre 1864 abgelichtet. Er könnte sie alle gesehen und belauscht haben, die großen Dichter, die über Heidelberg und das Schloss geschrieben ha-

Könnte dieser Holunderbaum erzählen ...

ben: Gottfried Keller, Joseph Victor von Scheffel, Rainer Maria Rilke, Victor Hugo, Mark Twain...

Gehen Sie nun in die Mitte des Schlosshofes und gönnen Sie sich Zeit für Ihre Eindrücke. Ihre Blicke werden auf die schönsten Renaissancefassaden nördlich der Alpen fallen (wenn Sie nach Prag fahren, erzählen die Ihnen da genau das Gleiche – nur: hier stimmt es!).

Auf der Ostseite des Innenhofes ist dies der Ottheinrichsbau und zum Norden hin der Friedrichsbau. Ottheinrich, der kunstsinnige Kur-

Ottheinrichsportal

fürst, der die lange Wartezeit bis zu seinem Amtsantritt in Heidelberg im Jahre 1556 unter anderem mit Reisen ausfüllte, und der 1557 die Reformation in der Kurpfalz einführte, erlebte die Vollendung seines Palastes leider nicht mehr. 1559, nur drei Jahre nach Beginn des Baus, zu dem er sich von den Meistern der italienischen Renaissance hatte inspirieren lassen, verstarb er im Alter von 56 Jahren. Seine enorme Leibesfülle war ihm zum Verhängnis geworden – an die 200 Kilo Lebendgewicht stürzen irgendwann auch den stärksten Herrscher vom Thron!

Im unteren Teil des Ottheinrichsbaus befindet sich seit 1957 das Deutsche Apothekenmuseum.

Der Friedrichsbau, der mit Ottheinrichs Palast durch den Gläsernen Saalbau quasi im rechten Winkel verbunden ist, entstand in den Jahren 1601 bis 1607 unter Kurfürst Friedrich IV., dem Begründer der Stadt Mannheim. Mit den Statuen, die an der Fassade eingearbeitet sind, hat Friedrich nicht nur seine Vorfahren, sondern auch sich selbst verewigt. Sie sehen ihn, sein Schwert in der rechten Hand haltend, in der ersten Reihe unten rechts außen, oberhalb des Durchganges zum Altan. Auch ihn ereilte ein früher Tod, den man seinem ausschweifenden, dem guten Pfälzer Wein zugeneigten Lebenswandel zuschrieb. Ihm haben wir aber auch die erste Heidelberger Bierordnung aus dem Jahre 1603 zu verdanken. Ein Bierklassiker der Heidelberger Brauerei trägt heute den geschichtlich verankerten Namen „1603". Bis heute unsterblich geblieben ist Friedrich IV. in dem Studentenlied:

Wütend wälzt sich einst im Bette
Kurfürst Friedrich von der Pfalz;
gegen alle Etikette
brüllte er aus vollem Hals:
Wie kam gestern ich ins Nest?
Bin scheint's wieder voll gewest!

Bleiben wir beim Thema und begeben uns an der Schlosskapelle vorbei in den unter dem Königssaal gelegenen Fasskeller. Das größte

Friedrichsbau

Fass der Welt, das je gefüllt war, verbirgt sich in den 1589 eigens für diesen Zweck errichteten Gemäuern. Das heutige „Große Fass" wurde allerdings erst 1751 fertiggestellt und hat ein Fassungsvermögen von 221.726 Litern (wenn schon, dann ganz genau!). 1934 wurde in Bad Dürkheim in der Pfalz ein um ein Vielfaches größeres Fass allerdings als Gasthaus gebaut, mit Wein gefüllt war nur das Fass in Heidelberg!

Wozu aber ließen die Heidelberger Kurfürsten ein solches Riesenfass erbauen? Stellen Sie sich vor, es gab eine Zeit, in der Menschen nur 10 % ihrer Erträgnisse versteuern mussten. Hören Sie auf zu träumen, das ist verdammt lange her und wird so schnell nicht wieder geschehen. Das „Große Fass" ist jedoch ein Relikt aus dieser Zeit, als der Zehnt abgeführt werden musste und die Winzer diesen Zehnt auf dem Schloss abzuliefern hatten. Von Weingenuss konnte man damals allerdings nicht sprechen: Alles, was an Steuerwein gebracht wurde, kam in dieses Riesenfass und ergab bunt gemischt wahrscheinlich ein Cuvée, das entsetzlich geschmeckt haben muss!

„Wächter" dieses Fasses war der Hofnarr Clemens aus Südtirol, der mit seiner Trinkfestigkeit Kurfürst Karl Philipp dermaßen beeindruckte, dass er ihn in die Kurpfalz mitnahm. Clemens, der zunächst nur Italienisch gesprochen hat, soll jedes Mal, wenn man ihm ein Glas Wein anbot, geantwortet haben: „Perchè no?", was bedeutet: „Warum nicht?" Die des Italienischen nicht mächtigen Heidelberger verstanden aber

Holzfigur des Hofnarren Perkeo im Fasskeller

nur „Perkeo", und so kommt es, dass der kleine Mann aus Salurn unter diesem Namen in die Heidelberger Geschichte einging.

Gönnen Sie sich eine kleine Pause und genießen Sie vielleicht sogar eine Weinprobe. Keine Sorge, die Zeiten der „Steuerplörre" sind lange vorbei: Sommelier Timo Ziegler kann mit einer feinen Auswahl an regionalen Weinen und Spitzengewächsen aufwarten. Die Autorin empfiehlt die Schokoladen-Weinprobe, aber auch Kaffee, Kuchen, Eis und Erfrischungsgetränke wecken neue Lebensgeister, bevor es weitergeht.

VINOTHEK IM FASSKELLER
Tel.: 06221/8727010 · www.heidelberger-schloss-gastronomie.de
Öffnungszeiten: Mo. – So., 10 – 18 Uhr
Weinproben mit Reservierung

Verlassen Sie das Gewölbe und biegen Sie unter der Statue Friedrichs IV. durch einen kleinen Gang ab, um gleich darauf mit einem der schönsten Blicke auf die Stadt belohnt zu werden. Im Gegen-

Die Vinothek im Fasskeller des Friedrichsbaus

Schlossaltan

satz zur Aussicht vom Stückgarten zu Beginn unseres
Schlossspazierganges haben
Sie von hier aus noch Einbli-
cke in die schmale Altstadt
und das Neckartal. Oberhalb
des Stauwehrs auf der gegenüberliegenden Neckarseite sehen Sie zwei Weinberge, die
den schönen Namen „Sonnenseite ob der Bruck" tragen.
Merken Sie sich das gut – ein
anderer Spaziergang in diesem
Buch führt Sie genau dort
vorbei.

Romantischer geht es kaum – und
darum gleich fotografisch festhalten!

Als wäre die Zeit hier stehen geblieben ...

Versuchen Sie nun, ein Plätzchen in einem der beiden Erker, die den Schlossaltan begrenzen, zu bekommen und lassen Sie sich umfangen vom Zauber der Romantik, die man von hier oben beinahe greifen kann.

Genug geträumt – machen Sie sich auf den Weg zurück in die Stadt, entweder wieder mit der Bahn oder zu Fuß. Für die Bergbahnfahrt gehen Sie bitte den gleichen Weg durch den Schlosshof zurück und biegen nach der Brücke Richtung Ausgang rechts ab. Den Burgweg in die Stadt erreichen Sie, wenn Sie den Altan verlassen und kurz vor dem kleinen Gang rechts die Treppe hinuntergehen. Folgen Sie einfach dem Weg, Sie können sich nicht verlaufen. Hier, unter dem Altan, eröffnen runde Bogen einen ganz eigenen Blick auf die Stadt.

Drehen Sie sich hier um Ihre halbe Achse, und blicken Sie nach oben. Links vom Beginn der Treppen erhebt sich ein mit Efeu bewachsenes und beinahe verfallen aussehendes grünes Haus. Carl Philipp Fohr, neben Carl Rottmann und Ernst Fries einer der berühmten Maler der Heidelberger Romantik, verbrachte hier einige Jahre seiner Jugend. Alt ist er nicht geworden, er ertrank 1818 beim Baden im Tiber in Rom.

500 Meter abschüssiges Kopfsteinpflaster liegen vor Ihnen, aber denken Sie sich immer: lieber runter als hoch! Nach ungefähr fünf Minuten haben Sie es geschafft und kommen genau an der Stelle heraus, an der Sie Ihren Weg über die Stufen zum Schloss hinauf begonnen haben. Folgen Sie dem „Kurzen Buckel" das letzte, kurze Stück weiter hinunter zum Kornmarkt. Suchen Sie sich auf dem Marktplatz ein Plätzchen in der Sonne und lassen Sie die Eindrücke des Schlosses bei einem Gläschen Heidelberger Wein Revue passieren.

Auf Merians Spuren
bis Stift Neuburg

Auf Merians Spuren bis Stift Neuburg

Der Philosophenweg

Dauer: ca. 2 Stunden
Länge: 7 km
Strecke: Steiler Anstieg auf gut befestigtem Gehweg, im weiteren Verlauf eben, ab der Mitte Waldwege mit unterschiedlichen Böden
Anfahrt: Bahn 5, Straßenbahn 21, 22, 26, Bus 29, 31, 34, 35, Haltestelle Bismarckplatz

Vom Bismarckplatz, dem pulsierenden Verkehrszentrum Heidelbergs, laufen Sie über die Sofienstraße Richtung Norden und überqueren an der Fußgängerampel die Straße Richtung Neckar. Beginnen Sie diese Wanderung, indem Sie innehalten! (Es ist tatsächlich kein bloßer Spaziergang, daher achten Sie bei der Wahl Ihres Schuhwerks nicht nur auf zeitlose Eleganz und die farbliche Übereinstimmung zu Handtasche und Gürtel, sondern besonders auch auf Bequemlichkeit, wobei das Eine das Andere natürlich nicht ausschließen muss, aber das ist ein anderes Thema …)

Blick vom Schloss auf den Philosophenweg

Auf der Mitte der Theodor-Heuss-Brücke stehend, blicken Sie nach Osten den Neckar flussaufwärts. Rechter Hand erstreckt sich die Altstadt, an deren hinterem Ende das Schloss auf dem Jettenbühl über allem thront. Die Alte Brücke, die über Jahrhunderte hinweg die einzige Flussquerung war, verbindet die Altstadt mit dem nördlichen Flussufer. Entlang der linken Neckarseite sehen Sie wunderschöne Villen aus dem 19. und 20. Jahrhundert auf der Höhe des Heiligenberges – dahin führt der Weg. „Do misse ma hie und noch ä bissl weiter – alla hopp!"

Am Ende der Brücke biegen Sie rechts in die Brückenkopfstraße ab, laufen ca. 100 Meter bis zum Zebrastreifen, überqueren dort die Straße und halten sich rechts. Gleich darauf beginnt an der Albert-Ueberle-Straße der Aufstieg zum Philosophenweg, was auch durch Hinweisschilder gut gekennzeichnet ist.

Folgen Sie nun der Straße und laufen in gemütlichem Tempo – schneller ginge es wahrscheinlich sowieso nicht –, sodass Sie Zeit haben, all die Villen der Jahrhundertwende mit ihren entzückenden Details und verspielten Jugendstilfenstern zu betrachten. Natürlich

Altes Physikalisches Institut der Universität am Philosophenweg

entdeckt man auch Neubauten, deren moderne Architektur sich hier aber nicht störend einfügt.

Auf der linken Straßenseite, ein Stück nach der Kurve, erhebt sich über einem breiten, beeindruckenden Treppenaufgang das für den Nobelpreisträger Philipp Lenard (1905) in den Jahren 1907–1912 erbaute physikalische Institut der Universität. Die Lage wurde mit Bedacht gewählt: Harter Granituntergrund gewährleistet die Stabilität, die für eine Vielzahl von Experimenten benötigt wird. Mit Walther Bothe (1954) und J. Hans D. Jensen (1963) entstammen dem Institut zwei weitere Nobelpreisträger.

Weiter geht es steil die Albert-Ueberle-Straße hinauf. Wenn Sie möchten, können Sie auf der linken Seite über eine noch steilere Treppe Richtung Philosophenweg die Strecke verkürzen, dann verpassen Sie jedoch einen humorvoll-philosophisch gestalteten Hausgiebel auf der rechten Straßenseite kurz vor der Haarnadelkurve.

Folgen Sie der Straße bis zu ihrem Ende und biegen hier rechts in den eigentlichen Philosophenweg ein. Nach etwa 150 Metern passieren Sie eine Schranke und haben es jetzt fast geschafft: Ab hier verläuft der Weg größtenteils nur noch eben! Vor Ihnen tut sich nun

Auch der Erbauer dieser Villa muss ein Philosoph gewesen sein!

einer der schönsten Blicke auf, die Deutschland zu bieten hat, und belohnt Sie für die Anstrengung des Aufstieges. „Hier haben sich Menschen, die das Schicksal aus Heidelberg wegführte oder gar gewaltsam vertrieb, nach vielen Jahren beim Wiedersehen ihrer Tränen nicht geschämt", schrieb Günter Heinemann 1983 in seinem Standardwerk

Es geht noch steiler!

„Heidelberg", der Bibel für alle, die alles über die Stadt erfahren möchten.

Steigen Sie die kleine Treppe in das Philosophengärtchen hinunter und lassen Sie Ihren Blick hier zunächst wandern: Je nach Jahreszeit ergänzen blühende Rabatten das satte Grün und schon auf dieser verhältnismäßig kleinen Fläche ist zu erahnen, welch mediterrane Vegetation das „Gesamtgefühl Philosophenweg" ausmacht.

Philosophengärtchen

Aufgrund der günstigen geografischen Lage am Südhang des Heiligenberges liegt die Temperatur auf dem Philosophenweg meist zwei bis drei Grad über der ohnehin schon hohen Heidelberger Durchschnittstemperatur von zwölf Grad Celsius. Echte Zypressen, Ginkgo- und Maulbeerbäume, Rhododendren, Quitten, Feigen und Zitronen, aber auch Esskastanien, Reben und Granatäpfel zeugen davon, dass es sich hier auch im Winter gut leben bzw. als Pflanze überleben lässt.

Sie haben zwar den größten Teil des Spazierganges noch vor sich, gönnen Sie sich jedoch ein paar Minuten auf einer der Bänke, um von dieser Stelle aus – nach Heinemann – den „Heidelberger Dreiklang" zu genießen: den Blick auf den Fluss, die Stadt und die Berge.

Machen Sie sich nun auf und verlassen das Philosophengärtchen, vorbei an dem Gedenkstein für Joseph von Eichendorff, und kommen wieder auf den Philosophenweg, dem Sie im Verlauf weiter folgen.

Ein Kiosk, der leider nur in der sogenannten Hauptsaison geöffnet hat, steht an der ersten Verzweigung des Weges. Zu seiner Linken sehen Sie eine weitere Heidelberger Besonderheit, auf die Sie im

Verlauf der Wanderung noch des Öfteren stoßen werden: Sandsteinblöcke, die um die Jahrhundertwende als Wegweiser im ganzen Ge-
biet des Heidelberger Stadtwaldes aufgestellt wurden. Ein kleines
Stück weiter unten sehen Sie einen zweiten Stein, an dem Sie sich
orientieren: Folgen Sie dem Pfeil Richtung Philosophenweg-Ziegel-
hausen.

Wie darf man sich den Weg nun vorstellen? Benötigt man einen
Hochschulabschluss in einer geisteswissenschaftlichen Disziplin, um
mit Fug und Recht diesen Pfad zu beschreiten? Weit gefehlt und
doch nicht ganz daneben. Als Freund (griechisch: philos) der Weisheit (griechisch: sophia) erkannte man schon in der Antike, dass es
sich in der Natur, unter freiem Himmel und in Bewegung anregen-
der diskutierte als in geschlossenen Räumen. Immanuel Kant teilte
Mitte des 18. Jahrhunderts diesen Gedanken in Königsberg, wo der
tägliche Spazierweg des Gelehrten im Volksmund bald den Namen
„Philosophenweg" erhielt.

In Heidelberg war der Grundgedanke für die Namensgebung zunächst nicht ganz so erhaben. Aus ganz pragmatischen Gründen er-

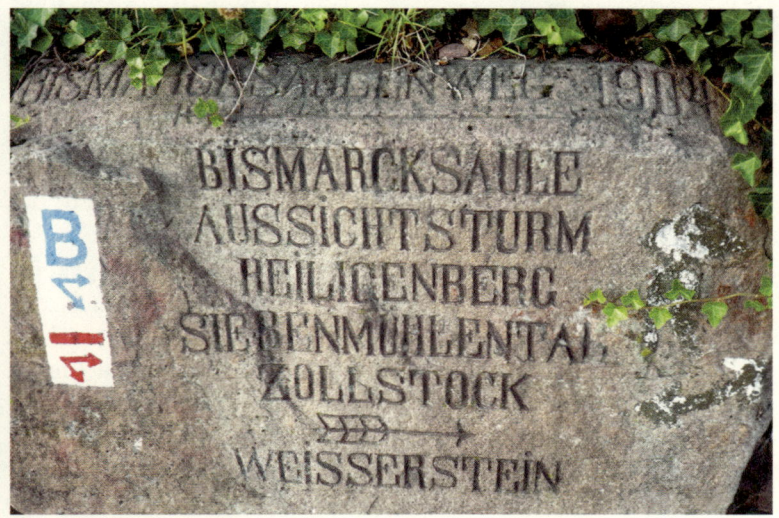

Hinweisstein Philosophenweg

Stein zum Gedenken an Liselotte von der Pfalz

gab sich der Ausbau dieses ehemaligen Zufahrtsweges der Neuenheimer Winzer zu ihren Weinbergen. Zudem trieb es seit der zweiten Gründung der Universität (1803) nicht nur Professoren und Studenten zu diesem schon von Matthäus Merian dokumentierten Ausblick auf Heidelberg, um sich inspirieren zu lassen. Auch waren seit einigen Jahren bereits die ersten Touristen unterwegs, meist wohlhabende Engländer oder Amerikaner, die auf ihrer „Grand Tour" durch Europa Heidelberg mit seiner romantischen Schlossruine und perfekter Naturkulisse besuchten. „All' die Leit", die sich auf den Weg durch die Weinberge machten und „umherdappten", waren den Heidelbergern etwas suspekt, und so bezeichneten sie diesen ehemaligen Weinbergweg dann als Philosophenweg. Dokumentiert ist das erstmals 1805.

Inzwischen sind Sie sicherlich ein ganzes Stück weiter gekommen, haben einige Male innegehalten und sich bestimmt auch umgedreht. Die Pflanzen in den Gärten unterhalb des Weges sind oft so hoch gewachsen, dass sie den Blick auf die Stadt nicht immer freigeben. Aber manchmal eröffnet sich eine größere Freifläche und Sie haben freie Sicht bis weit hinaus in die Rheinebene. Nach einigen Hundert Metern erscheint auf der rechten Seite eine kleine Aussichtskanzel mit dem Liselotte-Gedenkstein – wieder eine Möglichkeit zum Rasten.

„Unsere" Liselotte, die „Pfälzer Liselotte" oder ganz korrekt Elisabeth Charlotte wurde 1654 als Tochter des Kurfürsten Karl I. Ludwig und seiner Gemahlin Charlotte von Hessen-Kassel in Heidelberg geboren. Sie war eine Frohnatur, wäre lieber ein Junge gewesen und liebte es, sich in der freien Natur zu bewegen. Aus ihren eigenen Schilderungen wissen wir noch heute, welche Streiche sie als Kind mit Vorliebe ihren Hofdamen spielte. Die Ehe ihrer Eltern ging recht früh in die Brüche und der Vater verliebte sich in das reizende Hoffräulein Luise von Degenfeld. Die Kurfürstin schäumte und es folgte eine Trennung, die den Vergleich zum Film „Der Rosenkrieg" nicht scheuen muss.

Nachdem die Bourbonen in Frankreich im Dreißigjährigen Krieg die Habsburger als mächtigste Dynastie in Europa abgelöst hatten, erschien es Kurfürst Karl I. Ludwig naheliegend, durch eine Ehe die Beziehung zum starken Nachbarn im Westen zu festigen. Liselotte musste herhalten und Herzog Philippe I. von Orléans heiraten, dessen hervorragendste Eignung für dieses Unterfangen darin bestand, der Bruder Ludwigs XIV. zu sein.

1671 reiste sie nach Frankreich und sollte das geliebte Heidelberg nie wiedersehen. So wie die Ehe ihrer Großeltern, Kurfürst Friedrichs V. und der englischen Königstochter Elizabeth Stuart, war auch die Ehe von Liselotte und Philippe arrangiert worden. Die große Liebe, die die beiden Ersteren füreinander empfanden, blieb unserer Liselotte jedoch verwehrt: Der Herzog von Orléans zog die Gesellschaft junger Männer der seiner Gattin vor.

Nachdem Liselottes Bruder Kurfürst Karl im Jahre 1685 kinderlos verstarb, erhob Ludwig XIV. im Namen seiner Schwägerin Erbansprüche auf die Kurpfalz. Als „Pfälzischer Erbfolgekrieg" gingen die folgenden Belagerungs- und Kriegsjahre bis zur endgültigen Zerstörung Heidelbergs (1693), der Kurpfalz und weiterer Teile Süddeutschlands in die Geschichte ein.

Liselotte von der Pfalz wird von Heidelbergern und Kurpfälzern wegen ihrer offenen Art und der Gabe, die Dinge beim Namen zu nennen, bis zum heutigen Tag als eine große Tochter der Stadt verehrt.

Aus aller Welt kommen die Menschen und besuchen „unsere" Liselotte

Der Weg führt weiter vorbei an Trockenmauern, Relikte der ehemaligen Weinbauterrassen aus dem 19. Jahrhundert, die ein Refugium für kleine Tiere wie Eidechsen und Insekten bieten. Laufen Sie weiter, immer wieder taucht die Stadt hinter Büschen und Bäumen auf, immer mehr prägt sich das Stadtbild mit den Kirchtürmen, der Alten Brücke, dem Schloss und dem Königstuhl ein.

Eindrücke ganz anderer Art erschließen sich dem Wanderer in einem Garten zur Linken: Schneewittchen, die sieben Zwerge und ein von Efeu umrankter, leicht ausgeblichener Riesenzwerg fristen hier winters wie sommers seit einer gefühlten Ewigkeit ihr schattiges Dasein. Über Geschmack lässt sich bekanntlich streiten, aber wie Sie sehen, werden hier gewisse „Randgruppen" durchaus liebevoll dem bewundernden Betrachter in ihrer ganzen Pracht präsentiert.

Rechter Hand erreichen Sie nun die Stelle, an der Sie sich schon wieder setzen können. Hier können Sie anhand einer aufgestellten Tafel das Heidelberg des Kupferstechers Matthäus Merian aus dem Jahre 1620 mit der heutigen zu Ihren Füßen liegenden Stadtansicht vergleichen.

Von den beiden Weltkriegen des 20. Jahrhunderts weitgehend verschont geblieben, waren es die Heidelberger selbst, die ihrer Stadt ab Kriegsende so manchen architektonischen Hieb verpassten. Natürlich gab es für diese Sünden von den Verantwortlichen zu jeder Zeit gute Gründe und Rechtfertigungen, die ins Feld geführt wurden und die die Bevölkerung meist nur sprachlos den Kopf schütteln ließen. Im großen Stil fielen historische Gebäude der unschönen Betonmode der 1970er Jahre zum Opfer.

Ruine der kleinen Engelskapelle am Philosophenweg

Gleich nach der Meriantafel weist ein Schild mit der Bezeichnung „Schlangenweg" auf den in Serpentinen in die Stadt führenden engen Weg. Wer hier die Wanderung nach Ziegelhausen abbrechen möchte, kommt nach ca. zehn Minuten über altes Kopfsteinpflaster und oft ausgetretene Stufen am nördlichen Ende der Alten Brücke heraus. Tipp und Warnung zugleich: Diesen Weg sollte man wirklich nur in trockenem Zustand begehen. Bei Regen und Nässe saugt der Sandstein die Feuchtigkeit auf, und das kann gerade im Herbst und Winter zu einer gefährlichen Schlitterpartie führen!

Über einen leichten Anstieg, vorbei an wunderschönen, liebevoll angelegten Privatgärten, geht es weiter. Auf der rechten Seite sieht man nun die Überreste einer Mauer, die zu einer an dieser Stelle im Mittelalter errichteten Engelskapelle gehören. Wenn Sie links um die kleine Ruine herumlaufen, gelangen Sie in die vom Rotary Club gestiftete Hölderlinanlage. Auf Friedrich Hölderlin, der zwar nur drei Mal in Heidelberg weilte, hinterließ die Stadt einen bleibenden Eindruck, den er in seiner Ode „Heidelberg" (1801) verewigte:

Lange lieb ich dich schon, möchte dich, mir zur Lust,
Mutter nennen und dir schenken ein kunstlos Lied,
Du, der Vaterlandsstädte
Ländlichschönste, so viel ich sah.

Folgen Sie dem Philosophenweg weiter in östlicher Richtung. Ab und an tauchen die bereits erwähnten Sandsteinblöcke am Wegesrand auf, von denen einer kurz nach der Hölderlinanlage auf die „Jubiläumseiche" hinweist. Können Sie sie entdecken? Der Odenwaldklub pflanzte sie im Jahre 1986 anlässlich der damals 600 Jahre zurückliegenden Gründung der Universität.

Langsam verwandelt sich der Weg nun in einen Waldweg, und an

Gedenkstein für Friedrich Hölderlin

den Sandsteinblöcken können Sie immer wieder Ihre richtige Richtung überprüfen: Sie bleiben auf dem Philosophenweg Richtung Stiftsmühle-Mausbach-Ziegelhausen. An der roten Odenwaldhütte gehen Sie bitte rechts vorbei. Selbst hier im Wald trifft man auf Hinweise zur Heidelberger Geschichte, wie jetzt gleich am linken Wegesrand in Form einer Holztafel, die von einer Verteidigungsschanze aus dem Jahr 1849 berichtet.

Achten Sie im Verlauf des Weges auch auf die wechselnden Gesteinsformen. Prägend für die westlichen Ausläufer

Schauen Sie einmal, ob Sie diesen Stein irgendwo hinter dem Hölderlingärtchen rechts auf dem Boden finden

des Odenwaldes sind Porphyr und roter Buntsandstein, jedoch taucht irgendwann, zunächst nicht gleich erkennbar, eine Granitverwerfung auf. Diese zieht sich vom Königstuhl bis über das Schlossareal durch den Neckar bis hier zu den Hängen des Heiligenberges.

Nach einer engen Kurve erreicht man ein weiteres Holzschild, dieses Mal jedoch mit dem Hinweis auf die Rebanlage der Heidelberger Sonnenseite. Sowohl das Heidelberger „Weingut Clauer" als auch das Leimener „Weingut Adam Müller" bauen auf dieser besonderen Hanglage seit 1996 Riesling und Spätburgunder auf schätzungsweise 4.000 Rebstöcken an.

Spazieren Sie gemütlich weiter, rasten Sie auf den Bänken, und suchen Sie immer wieder den Blick auf Stadt und Schloss. Achten Sie dabei einmal auf die Geräusche um Sie herum: Es herrscht Waldesruh, dennoch ist es nicht still! Der Verkehrslärm aus dem Neckartal wird an die Berghänge zu beiden Flussseiten getragen und vervielfacht. Folgen Sie weiter den Pfeilen auf den Steinblöcken Richtung Stift Neuburg/Stiftsmühle-Mausbach-Ziegelhausen. Eine letzte Haarnadelkurve biegt nach rechts ab, und Sie sehen die Klosteranlage mit ihren Wiesen, Gehöften und vor allem ihrer Gaststätte vor sich.

Tipp: Aufgrund des begrenzten Ertrages aus dieser Hanglage ist die Nachfrage nach den besonderen Gewächsen jedes Jahrganges immer besonders groß. Sollten Sie also ein Fläschlein eingefangenen Heidelberger Sonnenscheins mit nach Hause nehmen wollen, wenden Sie sich am besten direkt an die beiden Winzer:
Weingut Clauer: Dormenackerhof, 69126 Heidelberg,
Tel.: 06221/382439, weingut-clauer.de
Weingut Adam Müller: Adam-Müller-Straße 1, 69181 Leimen,
Tel.: 06224/97100, weingut-adam-mueller.de

Erfrischung erwartet Sie nun auf dem Gelände des Klosters in Form eines köstlichen Bieres, gebraut mit dem Quellwasser des Mausbachs und Zutaten aus ausschließlich biologischem Anbau – die perfekte Belohnung für den zurückgelegten Weg in den Fußstapfen der Philosophen und Romantiker. Selbstverständlich können Sie sich auch eine Ration als „Handgepäck" mitnehmen. Allzu Weltli-

Wegverzweigung an der Odenwaldhütte

„Handgepäck" vom Klosterhof

ches war der Grund, dass der angeschlossene Gastronomiebetrieb und der kleine Hofladen 2018 vorerst haben schließen müssen. Bleibt zu hoffen, und vielleicht werden ja die Gebete der Wanderer erhört, dass alsbald eine Wirtschaft auf dem Klostergelände einziehen kann!

Bevor Sie sich nun auf den Rückweg nach Heidelberg machen, entdecken Sie noch mit etwas Muße die klösterlichen Anlagen der Benediktinerabtei Neuburg. Besonders reizvoll und interessant ist der Kräutergarten auf der rechten Seite gleich neben dem Ausgangstor.

STIFT NEUBURG
Stiftweg 2 · 69118 Heidelberg
Tel.: 06221/8950 · www.stift-neuburg.de

BRAUEREI KLOSTERHOF
Stiftweg 4, 68118 Heidelberg
Tel.: 06221/6520365 · www.brauerei-zum-klosterhof.de

Um 1130 wurde die Abtei auf diesem Gelände als Ableger des Klosters Lorsch gegründet und blieb bis zur Reformation im 16. Jahrhundert trotz wechselnder Orden eine klösterliche Einrichtung. Ab 1672 diente es als adliges „Fräuleinstift", im 18. Jahrhundert schließlich begann für das Kloster die jesuitische Epoche, und ab 1804 befand es sich im Privatbesitz. 1825 erwarb es Johann Friedrich Heinrich Schlosser, ein Verwandter Johann Wolfgang von Goethes, und baute die Anlage zu einem Mekka für Künstler und Romantiker aus. Auch die erste Gedenkstätte für den Dichterfürsten Goethe wurde von Schlosser in Stift Neuburg begründet.

1927 ging die Abtei wieder in den Besitz der Benediktiner über. Unter Bruder Ingobert, der sich seit den 1960er Jahren um die Gärtnerei kümmerte, entstand in den 1980er Jahren eine Efeuzucht mit über 500 verschiedenen Arten und Sorten, die weltweit ihresgleichen suchte. Verblieben davon ist heute allerdings nur noch eine Efeusammlung.

Madonna in einem der vielen zauberhaften Winkel des Klosters

Lassen Sie sich bei Ihrem Rundgang einfach von Ihrem Gefühl leiten, und Sie werden zauberhafte Winkel entdecken, die Sie unversehens in die Zeit der Romantik des 19. Jahrhunderts versetzen.

Verlassen Sie das Kloster durch den großen Torbogen und laufen den Stiftweg hinunter bis zum Neckar. Gleich bei der Einmündung in die Ziegelhäuser Landstraße befindet sich die Bushaltestelle, von der die Linie 34 Sie direkt an den Bismarckplatz zurückbringt. Sie haben eine lange Tour hinter sich – gut gemacht!

An diesen weisen Hinweis sollte man sich besser halten …

Eingangs- und Ausgangspforte Stift Neuburg

Die Heidelberger
Einkaufs(ver)führung

Die Heidelberger Einkaufs(ver)führung

„Wollen wir nur einkaufen, oder wollen wir nach Heidelberg?"

Scarlett O'Hara wäre von Heidelbergs Einkaufsflair begeistert gewesen…

Mit diesem Slogan warb das Londoner Nobelkaufhaus „Harrods" in den 1970er Jahren für einen Besuch in seinen heiligen Hallen. Aber seien wir realistisch: Die einzige Gemeinsamkeit zwischen Heidelberg und „Harrods" liegt vordergründig beim Anfangsbuchstaben. Aber allein schon in Anbetracht der langen englischen Geschichte der Stadt lassen Sie mich versuchen, Ihnen zu zeigen, dass Shoppen in Heidelberg zu einem beinahe historischen Erlebnis werden kann. Alla hopp – let's go!

Dauer: ca. 1 Stunde – nach hinten offen ...
Länge: 2,5 km
Strecke: größtenteils eben, im hinteren Teil jedoch altes
Kopfsteinpflaster
Anfahrt: Bus 29, 31, 34, 35, Bahn 5, Straßenbahn 21, 22, 26,
Haltestelle Bismarckplatz
Informationen: www.proheidelberg.de

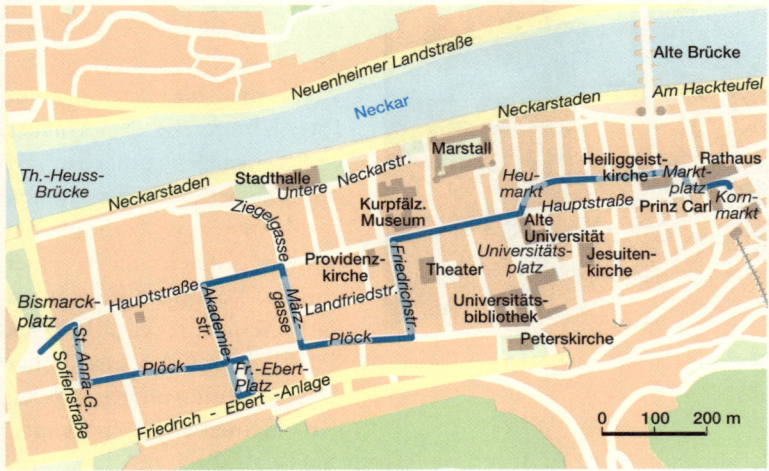

Verabreden wir uns am „Nudelturm"! Jeder Heidelberger weiß, wo und vor allem was das ist. Form und Gestalt dieser Brunnenplastik des Künstlerpaares Matschinsky-Denninghoff haben ihr im Volksmund den sich selbst erklärenden Namen eingebracht. Viktor Dulger, ein Heidelberger Ingenieur, Erfinder und Mäzen, machte sie den Bürgern der Stadt 1985 zum Geschenk. Mitten auf dem Bismarckplatz gelegen, ist sie der ideale Treffpunkt für alles und jeden und zentraler Ausgangspunkt für unsere Einkaufs(ver)führung.

Wenden Sie sich der Hauptstraße zu, und überqueren Sie an der Fußgängerampel die Sofienstraße. Linker Hand liegt das „Darmstädter Hofcentrum", das seinen Namen dem ehemaligen Hotel „Darmstädter Hof" verdankt, welches an dieser Stelle 1869 seine

Treffpunkt auf dem Bismarckplatz – der „Nudelturm"

Pforten öffnete und bis in die 1930er Jahre ein „Hotel I. Ranges" war.

Laufen Sie ca. 20 Meter und biegen dann am „Zeitungsleser", einer Skulptur des Heidelberger Künstlers und Bildhauers Pieter Sohl, nach rechts in die St.-Anna-Gasse ab.

Da hier bis vor ungefähr 150 Jahren die Stadtmauer verlief, wurden zunächst nur die Häuser auf der linken Straßenseite als Wohnbauten genutzt. Gleich neben einer großen, allseits bekannten Parfümeriekette wird Ihr Blick sicherlich auf das erste einer ganzen Reihe von Kleinodien der Heidelberger Einkaufslandschaft fallen, zu denen diese Tour Sie (ver)führen möchte.

Den Auftakt, wie er süßer nicht sein könnte, macht die **Chocolaterie St. Anna No. 1**. 2005 erfüllte sich Guiseppina Ehmann einen Lebenstraum, damals in einem Alter, in dem sich die meisten Menschen zur Ruhe setzen, und eröffnete die Chocolaterie. Gehen Sie hinein, vielmehr: tauchen Sie ein in eine Welt voll erlesener Schokoladen, Pralinen, Kaffee und Eis! Eis gibt es das ganze Jahr hindurch und in Geschmacksvarianten, die Sie beim Lesen der Schilder unter Umständen ein zweites Mal hinschauen lässt – aber Sie haben schon das erste Mal richtig gelesen! „Olivia", bestehend aus weißer Schokolade und Olivenstücken, „Fleur de Sel", aus weißer oder dunkler Schokolade mit Salzkristallen oder die Variante mit Rosa Pfeffer. Genießen Sie noch einige andere sehr ausgefallene Kreationen. Bevor Sie sich für eine entscheiden, dürfen Sie natürlich probieren! Im

Sommer kann man auf den Fensterbänken Platz nehmen und beim Betrachten der anderen Einkäufer – „Leit' gucke" – sein Eis genüsslich verzehren bzw. „schlotze", wie man hier sagt.

Gestärkt geht es weiter durch die Hauptstraße, allerdings nur ein kleines Stück, bis zur Buchhandlung **Schmitt & Hahn** in der Hauptstraße 8 auf der rechten Seite. Bücher und mehr finden Sie hier auf 450 Quadratmetern und zwei Etagen, und bitte beachten Sie das „mehr": Mit leeren Händen verlässt man hier nie den Laden. Schmitt & Hahn stellt im gesamtdeutschen Buchhandel eine Besonderheit dar, erkannte doch Carl Schmitt schon früh die Zeichen der Zeit und gründete 1854 die erste deutsche Bahnhofsbuchhandlung im Heidelberger Hauptbahnhof, nach London und Paris damit die dritte Europas. Heute umfasst das Unternehmen 72 Filialen an 32 Standorten, und das Beste ist, dass sich der Betrieb immer noch in Familienhand befindet.

Betrachtet man den Laden mit seinen einladenden Schaufenstern, fällt einem sicher so mancher Buchtitel auf, den man sich doch kaufen könnte. Von Reiseliteratur über Romane bis zu Abenteuer- und Kriminalgeschichten ist alles dabei. Dass Sie bei Letzteren ganz

Das Familienunternehmen Schmitt & Hahn

nah am Geschehen, sozusagen vor dem „locus delicti" stehen, können Sie ja nicht ahnen: In diesem Haus lebte bis zur Ablösung seines Amtes im Jahre 1868 der Heidelberger Scharfrichter. Es muss sich um ein recht lukratives Gewerbe gehandelt haben, wenn man einmal die Gebührenordnung aus dem Jahre 1743 betrachtet (fl steht für Gulden):

Den Daumenstock anlegen: 2 fl
Nasen und Ohren abschneiden: 5 fl
Einen mit glühenden Zangen pfetzen: 5 fl
Einen mit dem Strange richten: 7 fl
Einen vierteilen: 12 fl

Wie Sie sehen, war das Vierteilen eindeutig die kostspieligste Art und Weise, das irdische Dasein zwangsweise zu beenden. Schließlich mussten ja auch vier Pferde zu diesem Zwecke eingespannt und verköstigt werden...

Blume sucht Vase in der St. Anna-Gasse

Bei Schmitt & Hahn machen Sie eine Kehrtwende und gehen zurück zur St. Anna-Gasse, biegen wieder ein, diesmal vorbei an der Chocolaterie. Wenige Meter dahinter entdecken Sie einen der zauberhaftesten Blumenläden Heidelbergs: **Blume sucht Vase**. Susanne Diehl hat ein Händchen für Blumen und Blümchen, Dekoration und hübsche kleine und größere Dinge, die man manchmal einfach zum Glücklichsein braucht. Wenn's doch immer so einfach wäre …

Wenn Sie nach dem Besuch bei Blume sucht Vase den Laden verlassen und die St. Anna-Gasse bis zum Ende vorlaufen, stoßen Sie auf die Plöck. Und genau hier sollten Sie von einem gemütlichen Spaziermodus auf erhöhte Alarmbereitschaft schalten: eine maximal vier Meter breite Einbahnstraße, deren Regelung nur für Autos, nicht jedoch für Radfahrer gilt. Die Höchstgeschwindigkeit für alle Fahrzeuge beträgt 15 km/h, schmale Trottoirs zwingen die Fußgänger allerdings manchmal auf die Straße, daher ergeht hier die dringende Empfehlung, die obige Warnung nicht in die Kategorie „ä Witzle g'macht" einzuordnen!

Es lohnt sich dennoch, sich dieser „Gefahr" auszusetzen: Eine ganze Reihe hübscher kleiner Läden säumen die Bürgersteige der Plöck. Biegen Sie nach links ab und überqueren am besten gleich die Straße. Nach wenigen Metern stoßen Sie auf den **Knoblauch** – diese ist fast schon eine Heidelberger Institution. Seit sechs Generationen finden die Heidelberger hier alles, was man sich unter dem sehr weiten Begriff Schreibwaren vorstellen kann. Hatte man als Kind etwas Taschengeld übrig, ging man nach der Schule zum Knoblauch und konnte sicher sein, dass es gut angelegt war. Nahezu 60 Jahre lang hatte der Knoblauch seine Räumlichkeiten in der Sofienstraße „ums Eck". Es waren Spielwaren, Puppen, Eisenbahnen dazu gekommen (und es gab eine Rutsche von ganz oben bis in den Keller!) – das Zuhause des Weihnachtsmannes hatte eine feste Adresse in Heidelberg. 2001 zog der Familienbetrieb, der 2006 sein 130. Firmenjubiläum begehen konnte, in die Plöck, zum Leidwesen vieler Heidelberger ohne die Spielwarenabteilung, aber das ist nicht weiter schlimm. Denn die Heidelberger von damals sind ja inzwischen

Eine feine alteingesessene Adresse in der Plöck

auch älter geworden und erfreuen sich nun an wunderschöner Papeterie, Schreibgeräten, Geschenkartikeln und allem, was das Herz an Schönem und Ausgefallenem begehrt.

Folgen Sie dem Verlauf der Plöck weiter bis zur Neugasse auf der linken Seite. Von hier können Sie die Hauptstraße sehen, die weiterhin parallel verläuft. Weiter geht es jedoch durch die Plöck vorbei an der Rückseite des Kaufhofs zur Linken – Achtung: wieder ganz arg enger Gehweg! – bis Sie auf der rechten Seite auf das **Room Mate** stoßen. Viel schreiben muss man hier nicht, die Auslage in dem kleinen Schaufenster spricht für sich! Ausgefallener Modeschmuck, Accessoires, Dekorationsartikel etc. – einfach nur schön!

Noch ein kleines Stück der engen Plöck liegt vor Ihnen, dann haben Sie die Weite des Friedrich-Ebert-Platzes erreicht und sind rein verkehrstechnisch erst einmal sicher. Überqueren Sie den Platz bis zur Mitte und schauen sich um. Das große gelbe Gebäude an der Nordseite wurde 1855 im Stil des romantischen Klassizismus erbaut und ist das ehemalige Institut des Chemikers Robert Bunsen, der hier zusam-

Das alte Chemische Institut von Robert Bunsen am Friedrich-Ebert-Platz

men mit Gustav Kirchhoff 1860 die Spektralanalyse entwickelte. Bis zu seinem Tod im Jahr 1899 war Bunsen ein hoch geschätztes Mitglied der Heidelberger Universität und verehrter Bürger der Stadt.

Schon von hier aus können Sie eines von Heidelbergs besten und beliebtesten Traditionsgeschäften erkennen, das **Weinhaus Fehser** in der Friedrich-Ebert-Anlage 26.

Gehen Sie nun an die Südseite des Platzes, überqueren an der Fußgängerampel die Friedrich-Ebert-Anlage und halten sich rechts. Diese kleine, parallel zur Fahrbahn verlaufende Straße trägt im Volksmund übrigens den Namen „Fehser-Allee".

Der Familienbetrieb wurde 1883 gegründet und zog schon drei Jahre darauf in das Anwesen in der damaligen Leopoldanlage, einer ehemaligen Apotheke, deren Einrichtung beibehalten wurde. Treten Sie ein, und schauen Sie sich um: Es gibt nichts, was es bei Fehsers nicht gibt!

Die Regale und Keller der Weinhandlung beherbergen Schätze, die das Herz eines jeden Weinliebhabers höher schlagen lassen. Aber auch einen guten „ehrlichen" Tropfen für das abendliche „Vesch-per" werden Sie hier finden. Wenn Sie Glück haben, ist Herr Fehser persönlich im Laden, und sollten Sie ins Gespräch kommen, erzählt er Ihnen vielleicht, dass um die Jahrhundertwende deutsche Weine oft teurer waren als große französische Gewächse aus dem Bor-deaux. Beispielsweise bezahlte man 1911 ganze 4 Reichsmark für einen 1898er Château Mouton Rothschild, während die 1904er Liebfraumilch aus Rheinhessen mit 4,50 Mark über den Tresen ging. Hätten Sie auch nicht gedacht, gell? In jedem Fall ist der Be-such und Einkauf bei Fehsers ein Erlebnis, an das Sie sich gerne erinnern werden!

Verlassen Sie den Laden und gehen am besten über die gleiche Fußgängerrampel zurück Richtung Friedrich-Ebert-Platz, den Sie, sich schräg links haltend, überqueren. Achtung: Hier stoßen Sie wie-der auf die Plöck und biegen am alten Chemischen Institut links in die Akademiestraße ein. Dieser folgen Sie, bis Sie am Ende zur Hauptstraße gelangen, in die Sie nach rechts einbiegen.

Verkaufsraum des Weinhauses Fehser

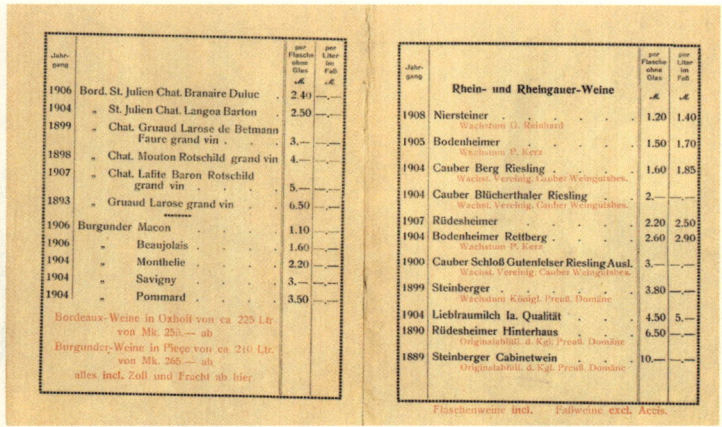

Jahr-gang	Bordeaux-Weine	per Flasche ohne Glas M.	per Liter im Faß M.
1906	Bord. St. Julien Chat. Branaire Duluc	2.40	—.—
1904	„ St. Julien Chat. Langoa Barton	2.50	—.—
1899	„ Chat. Gruaud Larose de Betmann Faure grand vin	3.—	—.—
1898	„ Chat. Mouton Rotschild grand vin	4.—	—.—
1907	„ Chat. Lafite Baron Rotschild grand vin	5.—	—.—
1893	„ Gruaud Larose grand vin	6.50	—.—
1906	Burgunder Macon	1.10	—.—
1906	„ Beaujolais	1.60	—.—
1904	„ Monthelie	2.20	—.—
1904	„ Savigny	3.—	—.—
1904	„ Pommard	3.50	—.—

Bordeaux-Weine in Oxholt von ca. 225 Ltr.
von Mk. 255.— ab
Burgunder-Weine in Piece von ca. 210 Ltr.
von Mk. 265.— ab
alles incl. Zoll und Fracht ab hier.

Jahr-gang	Rhein- und Rheingauer-Weine	per Flasche ohne Glas M.	per Liter im Faß M.
1908	Niersteiner	1.20	1.40
	Wachstum G. Reinhard		
1905	Bodenheimer	1.50	1.70
	Wachstum P. Kern		
1904	Cauber Berg Riesling	1.60	1.85
	Wachst. Vereinig Cauber Weingesbes.		
1904	Cauber Blücherthaler Riesling	2.—	—.—
	Wachst. Vereinig Cauber Weingesbes.		
1907	Rüdesheimer	2.20	2.50
1904	Bodenheimer Rettberg	2.60	2.90
	Wachstum P. Kern		
1900	Cauber Schloß Gutenfelser Riesling Ausl.	3.—	—.—
	Wachst. Vereinig. Cauber Weingutsbes.		
1899	Steinberger	3.80	—.—
	Wachstum Königl. Preuß. Domäne		
1904	Lieblraumlich Ia. Qualität	4.50	5.—
1890	Rüdesheimer Hinterhaus	6.50	—.—
	Originalabfüll. d. Kgl. Preuß. Domäne		
1889	Steinberger Cabinetwein	10.—	—.—
	Originalabfüll. d. Kgl. Preuß. Domäne		

Flaschenweine incl. Faßweine excl. Accis.

Weinpreisliste aus dem Jahre 1911

Nach wenigen Metern öffnet sich linker Hand ein kleiner Platz, der sogenannte „Anatomiegarten", in dessen Mitte eine Bronzestatue Robert Bunsens steht, flankiert von den allegorischen Figuren der schlafenden und der erwachenden Wissenschaft.

Lassen Sie sich auf der Hauptstraße Richtung Osten treiben und nehmen sich Zeit für alles, was Ihren Augen gefällt. In dieser insgesamt 1,6 Kilometer langen Fußgängerzone, der längsten Deutschlands, werden Sie sicherlich auch viele Läden entdecken, die Sie aus anderen Städten kennen. In Heidelberg sind diese jedoch meist in architektonisch reizvollen Gebäuden „verpackt", die von den Zerstörungen zweier Weltkriege verschont geblieben waren. Aber es lohnt sich auch besonders, die kleinen Seitenstraßen zu entdecken.

Biegen Sie nun in die nächste Querstraße, die Märzgasse, rechts ein und folgen ihr ungefähr 150 Meter, bis Sie wieder auf die Plöck stoßen. Im 16. Jahrhundert befand sich auf diesem ganzen Terrain der „Herrengarten", der unter Kurfürst Ottheinrich als Arboretum und Lustgarten angelegt wurde.

Lauter kleine, schöne Läden auf beiden Seiten, die es wert sind, genauer betrachtet zu werden. Vorne an der Plöck biegen Sie links ab und laufen weiter Richtung Osten. Hier eine kleine Zwischenbe-

Die Fußgängerzone Heidelbergs

merkung: Haben Sie keine Angst, dass Ihnen ein Großteil der Läden in der Hauptstraße entgeht – am Ende dieser Einkaufs(ver)führung haben Sie die Möglichkeit, die gesamte Hauptstraße Richtung Westen bis zum Bismarckplatz zurückzulaufen und alles anzuschauen, was Sie auf dem Hinweg verpasst haben.

Also, weiter geht es durch die Plöck bis zur Hausnummer 52 auf der rechten Straßenseite. Alle, die in den 1960er Jahren oder früher das Licht der Welt erblickt haben, werden angesichts des Zahnarztstuhles im Schaufenster feuchte Hände und kalte Schauer auf dem Rücken verspüren. Verdrängte Szenen aus dem Film „Der Marathon-Mann" werden vor Ihren Augen auftauchen – überwinden Sie diese Traumata, und betreten Sie entschlossen den **Heidelberger Zuckerladen**.

Im Jahr 1986, als es Jürgen und Marion Brecht aus Bremen nach Heidelberg zog, eröffneten die beiden einen bis dato noch nie da gewesenen Süßwarenladen. Der Zahnarztstuhl im Fenster ist daher etwas irreführend und lässt nicht im Traum erahnen, was sich dahinter verbirgt.

Alles, aber auch wirklich alles, was es an Zucker- und Gummi-Naschwerk gibt, finden Sie hier. Lollies, Brause, Drops, Zucker-speck, Pralinen – Kinderträume werden wahr, aber auch Erwachsene kommen voll auf ihre Kosten. Denken Sie aber bitte nicht, dass Sie dort schnell reinschauen, sich etwas aussuchen, zahlen und das war's dann. Weit gefehlt! Es läuft folgendermaßen ab: reingehen, einen Warteplatz finden, bis man von Marion bedient wird. Man lässt sich beraten, fragt nach Neuheiten oder sucht etwas Altes und bekommt am Ende genau das, was man schon immer wollte, auch wenn man es vorher noch gar nicht wusste. Zum Bezahlen dann bitte in die Schlange stellen, bis man bei Jürgen an der Kasse angekommen ist. Ehe man sich versieht, befindet man sich mitten in einem Gespräch über Gott und die Welt, über banale und essenzielle Dinge sowie über Fußball. Sie haben bezahlt und wollen gehen, werden aber noch von Jürgen zu einem Würfelspiel verleitet, das Sie gewinnen werden. Der Preis ist eine weitere Süßigkeit, die Sie sich wahrschein-lich gleich in den Mund stopfen werden.

Der Heidelberger Zuckerladen ist in der Plöck 52 zu finden.

HEIDELBERGER ZUCKERLADEN
Plöck 52 · 69117 Heidelberg · Tel.: 06221/24365
Öffnungszeiten: Di. – Fr., 12 – 19 Uhr, Sa., 11 – 17 Uhr

Erschöpft und glücklich verlassen Sie den Zuckerladen und biegen geradeaus blickend in die Friedrichstraße ein. Ungefähr 100 Meter laufen Sie, bis Sie am Ende der Straße wieder auf die Hauptstraße treffen. Auf der linken Straßenecke befindet sich das **Café Schafheutle**, ein Kaffeehaus, wie es sie früher gab, mit allem, was dazu gehört. Zu seinen Heidelberger Studienzeiten war Altbundeskanzler Helmut Kohl hier Stammgast.

Rechts schräg gegenüber fällt spontan ein großes barockes Gebäude ins Auge, das Palais Morass, welches das **Kurpfälzische Museum** der Stadt Heidelberg beherbergt.

Seinen Ursprung hat das Museum in der „Alterthümersammlung" des französischen Grafen Charles de Graimberg, der als junger Mann 1810 nach Heidelberg kam und, tief beeindruckt von der Ruine des Schlosses, beschloss, nicht nur in Heidelberg zu bleiben, sondern sich sogleich im Torturm des Gläsernen Saalbaus auf dem Schloss ein Quartier zu nehmen. Er machte es sich zur Lebensaufgabe, die Geschichte des Schlosses zu dokumentieren und legte mit seiner Leidenschaft den Grundstock für eine außergewöhnliche Sammlung, die er als Kupferstecher mit eigenen Werken vervollständigte. 15 Jahre nach seinem Tod erwarb sie die Stadt Heidelberg und verlegte sie vom Schloss in die Altstadt hinunter, ab 1906 dann ins Palais Morass.

Heute beherbergt das Kurpfälzische Museum eine hervorragende archäologische Abteilung, eine umfangreiche Kurpfalz-Abteilung, unter anderem mit den Porträts des Winterkönigs Friedrich V. und seiner Gemahlin Elizabeth Stuart, Frankenthaler Porzellan, Kunstwerken aus der Zeit der Romantik, den „Zwölfbotenaltar" von Tilman Riemenschneider, das Kupferstichkabinett ... und natürlich die beeindruckende Sammlung zur Heidelberger Stadtgeschichte.

Treten Sie durch das Portal ein und gehen hindurch bis in den Hof und den Garten. Linker Hand befindet sich der Eingang zum

Museum, dessen Besuch Sie unbedingt als separaten Programmpunkt Ihres Heidelberg-Aufenthaltes einplanen sollten.

Das Kurpfälzische Museum im barocken Palais Morass

> **KURPFÄLZISCHES MUSEUM**
> Hauptstraße 97
> 69117 Heidelberg
> Tel.: 06221/5834020
> Öffnungszeiten:
> Di. – So., 10 – 18 Uhr
> Eintrittspreise: Di. – Fr., 3 €,
> ermäßigt 1,80 €, Sa., So.,
> 1,80 €, ermäßigt 1,20 €

Verlassen Sie das Museum und biegen links in die Hauptstraße, der Sie bis kurz nach dem Universitätsplatz folgen, um dann gleich wieder links bei einem großen amerikanischen Kaffeeverkäufer Richtung Heumarkt und Untere Straße abzubiegen. Spazieren Sie gemütlich am Sumebrunnen vorbei – auf altheidelbergerisch bedeutet „Sume" Fisch – zur Unteren Straße, wo Sie gleich ein besonders hübsches Souvenirgeschäft auf der rechten Seite in einem Fachwerkhaus mit der Nummer 4 entdecken wer-

Als begrüße Charles de Graimberg den Besucher höchstpersönlich …

Selbst designt, handgemacht und exklusiv nur im Blao: filigrane Heidelberggrüße vom Feinsten

den: die **Galerie Blao!** Treten Sie ein und lassen Sie sich von originellem Kunsthandwerk aus Süddeutschland überraschen – auch hier ist Stöbern strengstens erwünscht.

BLAO – GALERIE FÜR KUNSTHANDWERK
Untere Straße 4
69117 Heidelberg ·
www.blao-heidelberg.de
Öffnungszeiten: Mo. – Fr.,
11 – 18.30 Uhr, Sa. 11 – 18 Uhr

Eintauchen in die Welt des Absinth

Für den weiteren Verlauf der Unteren Straße gibt es kein Zeitlimit und keine Off-Limits. **Ezati** schräg gegenüber vom **Blao** mit wirklich ausgefallener exklusiver Damenmode, Jens **Keramikofen** mit entzückenden selbstbemalten Keramikschätzen, feinstes Kaschmir bei Melinas **Yabis**, Absinth für alle Fälle in der Galerie **Grüner Engel** … hier gibt es für jeden etwas.

Langsam kommen wir dem Ende zu – sind Ihre Glieder ermattet, lustlos und angegriffen? Harrods hin und Heidelberg her, Sie werden rechtschaffen groggy sein. Ein kleines Stück Weg liegt noch vor Ihnen, aber der lohnt sich: Folgen Sie der Unteren Straße bis zu ihrem Ende am Fischmarkt. Laufen Sie weiter geradeaus direkt schräg über den

Marktplatz Richtung Rathaus, dann wieder links auf die Hauptstraße, und schon sind Sie am Kornmarkt angekommen. An dessen östlicher Seite liegt das **Café GRANO** mit Tischen „uff der Gass'", Blick auf die Kornmarktmadonna, Hauptstraße und Heiliggeistkirche – ein Lieblingsplatz ... psst, nicht weitersagen!

CAFE BAR GRANO
Am Kornmarkt 9 · 69117
Heidelberg · www.cafe-bar-grano.de
Öffnungszeiten: Mo. – Fr.
10 – 24. Uhr, Sa. 10 – 1 Uhr,
So. 10 – 23 Uhr

Café GRANO am Kornmarkt

Sie sind jetzt „entlassen", die Einkaufs(ver)führung endet hier. Das soll jedoch keineswegs bedeuten, dass Sie nicht frisch gestärkt und erholt später auf eigene Faust fröhlich weitershoppen können. Denn: Was gibt es Schöneres, als zuhause beim Auspacken der Koffer nicht nur auf schmutzige Wäsche, sondern auf ein liebevoll ausgesuchtes Erinnerungsstück aus Heidelberg zu stoßen?

Von Römern,
Forschung, Pflanzen
und Tieren

„Als die Römer frech geworden,
sim se rim sim sim sim sim,
zogen sie nach Deutschlands Norden,
sim se rim sim sim sim sim…"

Joseph Victor von Scheffel, 1847
(Student in Heidelberg)

Von Römern, Forschung, Pflanzen und Tieren

Das Neuenheimer Feld

Kennen Sie dieses alte Volks- bzw. Studentenlied auch noch aus Ihrer Schulzeit? Und wenn ja, wie viele der 13 Strophen können Sie noch singen bzw. haben Sie noch im Kopf? Machen Sie sich, vielleicht leise(!) summend und Strophen zählend, auf den Weg zu den Spuren römischer Geschichte in Heidelberg. Ambulate et cantate!

Dauer: ca. 2 Stunden
Länge: 4 km
Strecke: eben und gute Wege
Anfahrt: Bus 29, 31, 34, 35, Bahn 5, Straßenbahn 21, 22, 26, Haltestelle Bismarckplatz

Blick auf den Heiligenberg mit Neckar und der „Wasserschachtel"

Folgen Sie der Sofienstraße vom Bismarckplatz aus in nördlicher Richtung. Gehen Sie bis zur Theodor-Heuss-Brücke und überqueren zunächst die Fußgängerampel Richtung Neckar und dann gleich die nächste, die Sie auf die westliche Brückenseite führt. Weiter geht es über die Brücke, bis Sie eine zum Neckar führende breite Treppe erreicht haben, die Sie hinuntergehen und von dort aus – diese Stelle kennen alle Heidelberger als „Wasserschachtel" – am Neckar entlang flussabwärts laufen.

Die Neckarwiese, über die Sie dieser Spaziergang führt (vorzugsweise bei trockenem Boden – ansonsten benutzen Sie den parallel verlaufenden Leinpfad entlang der Uferstraße!) ist seit Studentengedenken und in neuerer Zeit auch für Schüler Naherholungssammelpunkt bei Eintreffen der ersten Sonnenstrahlen. Schlendern Sie hier ganz gemütlich entlang, und schauen Sie sich immer wieder um: Hinter Ihnen liegen das Schloss und die beiden Brücken, auf der rechten Seite die hinter Kastanienbäumen gelegenen Wohnhäuser der Uferstraße, vor Ihnen das quirlige Treiben der Neckarwiese und auf der anderen Flussseite die Einrichtungen des Heidelberger Altklinikums.

In der zweiten Hälfte des 19. Jahrhunderts wuchs nicht nur die Stadt selbst, auch die medizinischen Einrichtungen der Universität hatten einen enormen Expansionsbedarf. An Erweiterungen im engen Gefüge der Altstadt war nicht zu denken, daher begann man auf dem Gelände südlich der neuen, 1877 fertiggestellten zweiten Neckarbrücke mit der Errichtung ganz neuer Klinikgebäude. Eine ähnliche Situation trat bereits 60 Jahre später nochmals ein, sodass die Kliniken schrittweise ins Neuenheimer Feld verlagert wurden. Nach ungefähr 300 Metern entdecken Sie am Leinpfad rechts der Neckarwiese einen Findlingsstein, der zum Gedenken an die Römerbrücke aufgestellt wurde, die hier 200 n. Chr., dem Flussgott Neptun geweiht, gestanden hat. Das Pendant dazu finden Sie genau auf der gegenüberliegenden Neckarseite. An beiden Uferseiten befanden sich befestigte Kastelle.

Für die Bewohner des ehemaligen Fischerdörfchens Neuenheim, welches seine erste urkundliche Erwähnung im Lorscher Codex bereits im Jahre 765 fand, war die Neckarwiese der Ort, an dem ihre Boote lagerten und wo sie bis ins 20. Jahrhundert ihre Wäsche bleichten.

Gedenkstein Römerbrücke

Herbstliche Neckarwiese mit Schloss im Hintergrund

Setzen Sie Ihren Weg entlang des Neckars fort, und stellen Sie sich vor, wie es hier vor über 2.000 Jahren ausgesehen haben mag. Es waren jedoch nicht die Römer, die als erste in dieser vom Klima verwöhnten fruchtbaren Region ihre Spuren hinterließen.

1907 fand der Sandgräber Daniel Hartmann in einer Kiesgrube bei Mauer, ca. 20 Kilometer flussaufwärts, einen menschlichen Unterkiefer, der als „homo heidelbergensis" einen Meilenstein in der Erforschung unserer Frühgeschichte darstellt. Vor über 600.000 Jahren lebten hier bereits Menschen neben Waldelefanten, Waldnashörnern, Elchen, Säbelzahnkatzen und anderem wilden Getier, die nicht nur Abwechslung auf die Speisekarte brachten, sondern für die Jäger und Sammler in Umkehr oftmals eine tödliche Bedrohung bedeuteten.

Funde aus der Bronzezeit belegen die Besiedlung am Rande der Berge sowie auf und zu Füßen des Heiligenberges. Um 450 v. Chr. ließen sich die Kelten hier nieder und errichteten auf dem Heiligenberg einen doppelten Ringwall – eine Anlage, deren Ausmaße selbst für heutige Vorstellungen überaus beeindruckend gewesen sein muss.

Ab ca. 50 n. Chr. waren die Römer in Heidelberg angekommen und legten auf heutiger Neuenheimer Gemarkung ein Kastell an.

Graffiti an und unter der Ernst-Walz-Brücke

Der weitere Verlauf dieser Wanderung wird Sie somit am „Kastell-
weg" und „Am Römerbad" vorbeiführen. Ihren Namen erhielt die
letztere, kurze Straße in den 1930er Jahren, als man hier im Zuge
von Bauaushüben für Wohnhäuser auf die Überreste einer römischen Badeanstalt stieß. In den 1970er Jahren wurde am nördlichen
Ende der Straße die Verwaltung der Aktiengesellschaft Heidelberg-
Cement gebaut. Auch hier traten enorme Funde zu Tage, die heute
weitestgehend im Gebäude ausgestellt sind.

Von der Theodor-Heuss-Brücke, die ursprünglich den Namen
des Großherzogs Friedrich von Baden trug, bis zur Ernst-Walz-
Brücke, einstmals Hindenburg-Brücke, sind es laut Stadtplan ca.
1,5 Kilometer. Laufen Sie (oder wie man hier sagt: „… unner de
Brigg dorsch laafe …") unter der Ernst-Walz-Brücke durch, sind
Sie nun genau an der westlichen Neckarseite des Neuenheimer Fel-
des angekommen. Viele Heidelberger Hunde führen hier ihre
Herrchen spazieren, meist auf dem oberen Teil des Leinpfades. Die
Unterseite der Ernst-Walz-Brücke hat aber auch so einige farben-
frohe Ansichten zu bieten: Graffiti, wohin das Auge blickt, und

manchmal auch probende Straßenmusiker, die hier das Echo der Brücke nutzen.

Spazieren Sie noch ein Stück an der Südseite der Privatstation der Chirurgischen Klinik vorbei, bis Sie auf die Beschilderung „Handschuhsheim 2,4 km" treffen. Hier biegen Sie nach rechts ab und stoßen am Ende unter der Adresse „Im Neuenheimer Feld 280" auf das Deutsche Krebsforschungszentrum.

1964 wurde das DKFZ als nationale Forschungseinheit gegründet. Mit Mildred Scheel, Mitbegründerin der Deutschen Krebshilfe 1974, hatte die ohnehin schon über deutsche Grenzen hinaus renommierte Stiftung eine prominente, selbst betroffene Botschafterin. Das Gebäude wurde in den Jahren 1968-1972 erbaut.

Die meisten der Klinik-, Forschungs- und Institutsgebäude rings um das DKFZ herum stammen aus der gleichen Zeit, einige sind älter, und gebaut wird immer noch. Jedes Mal, wenn die Bagger anrücken, stehen auch die Archäologen parat, denn keiner der Heidelberger Stadtteile ist so „römisch" wie Neuenheim und sein ehemaliges Ackerland.

Mitten in den großen Bauvorhaben der 1960er Jahre war es der Heidelberger Forscher und Archäologe Berndmark Heukemes, der Hunderte von Gräbern entdeckte und unter anderem einen komplett erhaltenen, sitzenden Terrakotta-Hund sichern konnte.

Eine römische Handelsstraße Richtung Ladenburg, welches ungefähr zehn Kilometer nordwestlich von Heidelberg am Neckar liegt, gesäumt mit prachtvollen Grabstätten wohlhabender Bürger, führte genau hier entlang. Interessant ist, dass der lateinische Name Heidelbergs nicht überliefert ist – oder zumindest bis heute nicht entdeckt wurde! Der Name von Ladenburg lautete „Lopodonum" – bis heute die älteste Stadt rechts des Rheins.

Alles über Heidelbergs Frühgeschichte, beginnend mit dem Unterkiefer des „homo heidelbergensis" über Kelten und Römer, können Sie in der wirklich grandiosen archäologischen Abteilung des Kurpfälzischen Museums auf sieben Räume verteilt betrachten und erfahren.

Das Neuenheimer Feld ist der eigentliche naturwissenschaftliche Campus der Universität, wobei Teile der Physik und die Astronomie sich in der Stadt und auf dem Königstuhl befinden. Auch zwei Max-Planck-Institute, die ehemaligen Kaiser-Wilhelm-Institute, sind auf dem Areal zu finden: das für medizinische Forschung und das für Völkerrecht.

Folgen Sie dem Weg linker Hand des DKFZ Richtung Botanischer Garten vorbei am „Bellini", einem italienischen Café (nicht das Bistro ein Stück weiter!). Müde, durstig, hungrig? Dann unterbrechen Sie hier kurz die Tour und stärken sich zu studentischen Preisen mit wirklich leckeren, kleinen italienischen Gerichten und richtig gutem Kaffee.

Nach knapp 100 Metern biegen Sie links an der Mensa ab und laufen geradeaus bis zu den großen Gewächshäusern weiter. Der Heidelberger Botanische Garten wurde bereits unter Kurfürst Friedrich IV. im Jahre 1593 als „Hortus medicus" in der Nähe des Schlosses angelegt. Nach Leipzig (1580) und Jena (1586) ist er der Drittälteste in Deutschland und zog insgesamt sechs Mal um, ehe er auf dem hiesigen Gelände 1915 sein endgültiges Domizil fand.

Das Tropenhaus des Botanischen Gartens

Überall findet man erklärende Tafeln …

Allein um die ganzen Außenanlagen zu sehen und vor allem zu genießen, sollten Sie an die zwei Stunden Zeit einplanen. Sei es die Farnschlucht, der Weinberg, die Rhododendron-Anlage oder das Hochmoor – Sie werden erstaunt sein, wie nahtlos sich hier unterschiedliche Landschaftsbilder und Regionen aneinanderfügen. In den Gewächshäusern gedeihen derzeit an die 10.000 Pflanzenarten, wobei in Heidelberg ein Schwerpunkt auf Orchideen, Bromelien und Sukkulenten liegt.

BOTANISCHER GARTEN DER UNIVERSITÄT HEIDELBERG
Im Neuenheimer Feld 361 · 69120 Heidelberg
www.botgart.cos.uni-heidelberg.de · Tel.: 06221/545783
Öffnungszeiten: Freiland: Ganzjährig und ganztägig
Gewächshäuser: Mo. – Do., 9 – 16 Uhr, Fr., 9 – 14.30 Uhr, So., Feiert.,
10 – 17 Uhr (Sommerzeit) bzw. 9 – 16 Uhr (Winterzeit)
Eintritt: frei

... und eine Vielfalt diverser Landschaftsformen

Verlassen Sie das Gelände des Botanischen Gartens in südlicher Richtung am Parkplatz vorbei auf die Straße, den Hofmeisterweg. Folgen Sie der Straße immer weiter, bis Sie rechts am Neubau der Medizinischen Klinik vorbeikommen, benannt nach Ludolf von Krehl, Professor für Innere Medizin, der bereits in den 1880er Jahren einen Teil seines Medizinstudiums in Heidelberg absolviert hatte. 1907 kam er dann endgültig nach Heidelberg, wirkte, forschte und lehrte. 1922 konnte er das neue Klinikgebäude in Bergheim beziehen, in dem die „Krehl", wie die Klinik von Heidelbergern kurz genannt wird, bis 2004 als „Herzstück der Heidelberger Inneren Medizin" beheimatet war.

Der Umzug der Klinik von Bergheim in die neuen Gebäude hier im Neuenheimer Feld samt aller Patienten stellte eine gigantische logistische Herausforderung dar und wurde von der Klinikverwaltung mit Bravour innerhalb von nur einer Woche gemeistert. Lassen Sie das Klinikgelände nun hinter sich und folgen der Straße weiter Richtung Zoo, den Sie von hier aus schon sehen können.

„Kunst am Flamingo" – wäre Monet doch in Heidelberg gewesen

„Lasst uns für die in der Zivilisation zusammengeballten Menschen einen wirksamen Gegenpol schaffen, eine Erholungsstätte des Friedens bei unseren Tieren", sagte Nobelpreisträger Carl Bosch, der als Gründervater und Mäzen 1933 den Grundstein für den Heidelberger Zoo legte. Zwei Jahre zuvor war ihm gemeinsam mit Friedrich Bergius der Nobelpreis für Chemie verliehen worden. Seine ganz privaten Interessen waren jedoch weit gefächert: Nahe seiner Villa am Schloss-Wolfsbrunnenweg oberhalb des Schlosses ließ sich der Direktor der BASF unter anderem eine private Sternwarte errichten und er verfügte, wie es heißt, „über eine höchst originelle Flohsammlung".

ZOO
Tiergartenstr. 3 · 69120 Heidelberg
Tel.: 06221/64550 · www.zoo-heidelberg.de
Öffnungszeiten: täglich, Apr. – Sep. 9 – 19 Uhr, Mrz., Okt. 9 – 18 Uhr, Nov. – Feb. 9 – 17 Uhr
Eintritt: 11 €, ermäßigt 8,50 €, Kinder unter 18 Jahre 5,50 €

Auf der Elefantenwaage kann man einiges wiegen, wie Handtaschen oder auch sich selbst …

Die Heidelberger lieben ihren Zoo – für viele Tiere wurden Patenschaften nicht nur von großen und kleinen Firmen übernommen, sondern auch Privatleute unterstützen die Hege und Pflege einzelner Tiere. In den 1950er Jahren wurde regelmäßig eine Tiergartenlotterie durchgeführt, und auch Schulkinder sammelten, sodass unter anderem die Anschaffung einer Elefantenkuh möglich war. Diese verstarb vor einigen Jahren, und eines der damaligen Schulkinder meinte in Anbetracht des hohen Lebensalters der Elefantendame Rani, dass man hier von einer wirklich guten Investition sprechen könne …

Der Zoo ist im Laufe der Jahre auf eine Gesamtfläche von ca. zehn Hektar angewachsen und ist heute das Zuhause von 163 Tierarten, verteilt auf 2.701 Tiere, davon 477 Vögel in 84 Arten, 471 Säugetiere in 53 Arten, 46 Reptilien in 10 Arten und viele weitere Insekten, Krebse und Amphibien. Ganze Reviere wurden geschaffen, wie das Affenrevier, das Großviehrevier, das Raubtierrevier, Elefanten- und Afrikarevier sowie das Vogelrevier. Das Gelände reicht an seiner südwestlichen Seite bis an den Neckar, der sich kurz vorher in Altneckar, ein Naturschutzgebiet, und Neckarkanal für die Schifffahrt gabelt. Nehmen Sie sich Zeit für unseren Zoo – es lohnt sich!

Wenn Sie am Ausgang nach links abbiegen und in nördlicher Richtung weiterlaufen, kommen Sie zunächst an der Jugendherberge vorbei und passieren dann die Spielfelder zweier der fünf Heidelberger Rugbyclubs. 1872 wurde zunächst der „Deutsche-Flaggen-Club" gegründet, aus dem nur wenige Jahre später der „Heidelberger Ruderklub" hervorging – die Wiege des deutschen Rugbysportes steht somit in Heidelberg!

Hier endet auch die Tour durch Neuenheim – die Bushaltestelle der Linien 31 und 32 befindet sich nur wenige Meter von den Rugbyplätzen entfernt. Sie haben jetzt über 2.000 Jahre Geschichte in zwei Stunden durchlaufen – sehr gut gemacht!

Der alte Zooeingang

Holdrijo,
der Berg ruft ...

Heidelberg 3,1
Schloss 1,3
HB.904.2-1

Molke

✕ Bierhelderhof 🏷 3,6 🚲

✕ Königstuhl 🏷 3,2

HB 904.2-2

kurweg

◀ 1

Holdrijo, der Berg ruft...

Einmal Königstuhl und zurück!

Dieses Mal geht es nach oben, ganz hoch. Und höher geht es in Heidelberg nicht – es sei denn, sie fliegen drüber!

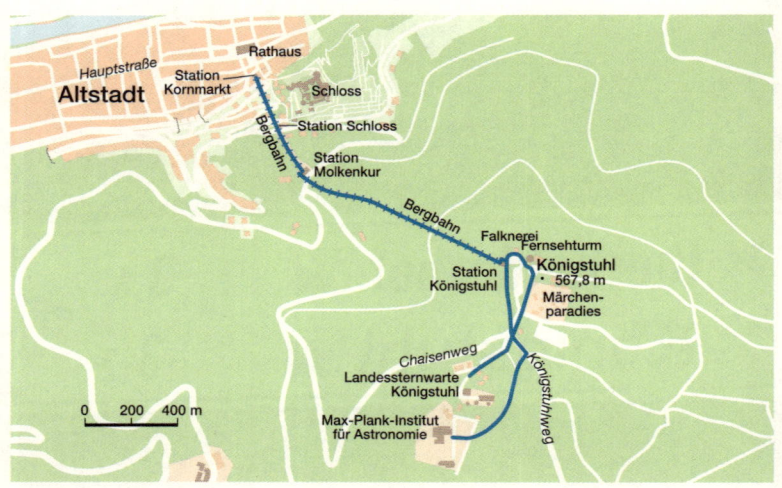

 Dauer: ca. 1,5 Stunden
Länge: ca. 4 km – davon nur 1 km zu Fuß
Strecke: leichte Steigungen und Gefälle, gut ausgebaute Wege
Anfahrt: Bus 33, Haltestelle Kornmarkt

Die Bushaltestelle „Kornmarkt", an der Sie aussteigen, liegt direkt an der Talstation der Bergbahn. Eine ganz entspannte Tour liegt vor Ihnen. Gehen Sie hinein und lösen Sie das Ticket: einmal Königstuhl und zurück. 567 Meter über dem Meeresspiegel gelegen, thront der Königstuhl als Heidelbergs Hausberg über Stadt und Schloss. Die Strecke beider Bahnen umfasst insgesamt 1,5 Kilometer; die Fahrt vom Kornmarkt über Schloss und Molkenkur bis zur Station Königstuhl dauert ungefähr 25 Minuten.

BERGBAHN
www.bergbahn-heidelberg.de
Fahrt: tägl. alle 10 Minuten, Apr. – Sept., 9 – 20 Uhr, letzte Talfahrt um 19.48 Uhr ab Königstuhl; Okt. – Mrz., 9 – 17.10 Uhr, letzte Talfahrt um 17.28 Uhr ab Königstuhl.
Preis: Hin- und Rückfahrt 12 €, ermäßigt 10 €

Schauen Sie sich im Foyer der Station in aller Ruhe um: Die Geschichte der Bergbahnen, und im Besonderen natürlich der Heidelberger, ist an den Wänden dokumentiert, genauso wie die Steigungen der einzelnen Abschnitte. Seien Sie froh, dass Sie nicht laufen müssen: Im mittleren Streckenabschnitt sind es bis zu 43 % Steigung!

1871 konstruierte der Schweizer Ingenieur Niklaus Riggenbach die Zahnradbahn am Rigi als erste Bergbahn Europas. Zwei Jahre darauf erhielt er den Auftrag, Pläne für eine Bahn in Heidelberg zu entwickeln. Es dauerte dann aber noch 17 Jahre, bis die untere Strecke vom Kornmarkt bis zur Molkenkur feierlich eröffnet werden konnte. 1907 wurde dann der obere Teilbereich in Betrieb genommen.

1961 wurden die Waggons der unteren Bahn das erste Mal ausgetauscht, das zweite Mal 2004. Die obere Bahn wurde im Zuge der komplet-

Auf zum Königstuhl!

Bergbahnstation „Molkenkur"

ten Renovierungsarbeiten an allen Stationen zur Generalüberholung zu ihrem Hersteller in die Schweiz verfrachtet. Die alte Dame wurde dort nach den Originalbauplänen aus dem Jahre 1907, die die Firma Garaventa noch in der Schublade hatte, für die technischen Anforderungen des 21. Jahrhunderts „geliftet und aufgehübscht". Von unten nach oben betrachtet, fahren Sie also mit Deutschlands modernster Bergbahn, einer Standseilbahn, auf Deutschlands ältester Bergbahnstrecke.

Sie werden sehen, die meisten Fahrgäste steigen am Schloss aus, Sie bleiben jedoch bitte sitzen. In wenigen Minuten haben Sie die Station „Molkenkur" erreicht, wo Sie die Fahrt zunächst einmal unterbrechen können.

Sie steigen hier in Fahrtrichtung rechts aus (links lässt man Sie gar nicht, die Türen bleiben zu!), laufen die Treppe nach oben und biegen nach rechts ab. Sollten Sie ohne Zwischenstopp gleich weiterfahren wollen, erreichen Sie über einen kurzen Durchgang und wenige Stufen den Bereich der alten Bahn – halten Sie hier noch einmal Ihr Ticket bereit.

Gönnen Sie sich jedoch ein bisschen Zeit, die Anlage der Molkenkur abzulaufen. Der Ausgang ist beschildert und über eine Treppe gelangen Sie auf die Aussichtsterrasse des Cafés, von der Sie einen überwältigenden Blick auf die Stadt, den gegenüberliegenden Heiligenberg und in die Rheinebene haben. Wenn Ihnen danach ist, trinken Sie ruhig eine Tasse Kaffee und genießen Sie Heidelberg von oben – von Ausruhen kann aber hier noch nicht die Rede sein!

Gehen Sie von der Terrasse aus links um das Gebäude herum. Kurz vor der Abfahrt auf die Straße entdecken Sie im Gebüsch auf der rechten Seite einen Stein, der auf die sogenannte obere Burg verweist, die bis 1537 an dieser Stelle stand. Sie merken sicher schon: Die Heidelberger lieben Gedenksteine…

Heidelberg findet seine erste schriftliche Erwähnung in einer Urkunde des Klosters Schönau aus dem Jahre 1196, aber man kann davon ausgehen, dass die Stadt um einiges älter ist. Es war wahrscheinlich Konrad von Hohenstaufen, ein Halbbruder Kaiser Friedrich Barbarossas, der sich entschloss, zwischen Königstuhl und Hei-

Oberhalb des Schlosses stand an dieser Stelle eine zweite Burg

ligenberg eine Stadt anzulegen (Kelten und Römer waren schon auf die gleiche Idee gekommen). Gute 130 Jahre später – die Wittelsbacher waren nun die Herrscher der Region und Pfalzgrafen bei Rhein – ist im Hausvertrag von Pavia zu lesen: „Heidelberch, die obern und nidern burch und die stat." 1527, im „Calendarium Hebraicum" des Sebastian Münster, ist diese obere Burg in der ersten bildlichen Darstellung Heidelbergs ganz klar zu erkennen. Sie diente bis 1537 als Wachtposten und Pulvermagazin, und man muss kein Chemiker sein, um zu wissen, was passiert, wenn in ein Pulverfass der Blitz einschlägt...

Den Namen „Molkenkur" erhielt dieses Areal auf dem „Kleinen Gaisberg" Mitte des 19. Jahrhunderts. Der Gedanke, dass die aus dem Nebenprodukt der Käseherstellung übrig gebliebene Molke aus Ziegen- oder Kuhmilch nicht nur ein Heilmittel gegen Blutarmut sei, sondern auch noch die Verdauung und den Kreislauf anregen sollte, schien als Geschäftsidee Grund genug, hier oben eine Molkereiwirtschaft zu eröffnen. Als 1890 die Bergbahn in Betrieb genommen wurde, war die „Molkenkur" das ideale Ausflugsziel für Heidelberger und Touristen.

Wenn Sie nun um das Haus herumgelaufen sind, sehen Sie eine kleine Treppe, die Sie wieder auf die Aussichtsterrasse und damit zu der großen Treppe zur Bergbahn zurückführt. Gehen Sie nun zur Bahnstation, und setzen Sie die Reise fort.

Die Fahrt mit der alten Bergbahn hat wahrlich mehr den Charakter einer Reise als den eines Transports von unten nach oben. Genauso waren schon vor über 100 Jahren Gäste wie Sie unterwegs, um „Heidelberg von oben" zu erleben und frische Luft auf Bergeshöh' zu atmen.

Versuchen Sie beim Einsteigen in den Waggon einen Platz ganz oben, unterhalb des Bahnführers zu bekommen (auf der Rückfahrt am besten ganz unten, oberhalb des Fahrers), so sind Sie hautnah dabei und können die Steigung so richtig wahrnehmen. Ratschläge und Tipps, aber auch Verhaltensanleitungen für die Fahrt mit der Bergbahn gab es bereits zur früheren Zeit. Die HSB (Heidelberger Straßen- und Bergbahn AG), die Betreiber der Bahn ist, hat auf ihrer

Die alte Bergbahn, die eigentlich die jüngere der beiden ist

Internetseite folgende Anweisung aus den Anfangsjahren veröffentlicht: „Damen, die mit zu weit vorstehenden unverdeckten Hutnadelspitzen die Wagen oder die Warteräume betreten, sind in höflicher Weise darauf aufmerksam zu machen, dass sie durch die Nadeln die anderen Fahrgäste gefährden und nach der polizeilichen Verordnung von der Beförderung oder von dem Aufenthalt in den Warteräumen ausgeschlossen sind!"

Mit einer Geschwindigkeit von zwei Metern pro Sekunde zuckeln Sie nun bergaufwärts und können sich Pflanzen, Flechten und Waldfrüchte (Hände weg von den Tollkirschen!) genau betrachten. Nach dem Eintreffen auf dem Königstuhl öffnet Ihnen der Bahnführer, ganz im alten Stil, die Türen. Ausstieg ist dieses Mal auf der linken Seite. Sobald Sie aus der Station herauskommen, haben Sie linker Hand den ersten Blick auf und in die Rheinebene. Biegen Sie jedoch nach rechts ab und gehen dann den „Buckel" links hoch.

An der Aussichtsterrasse angekommen, gönnen Sie sich Zeit für den Blick in die Weite. Direkt unterhalb des Platzes hat man den Wald gerodet, um für die Kurpfälzer Gleitschirmflieger eine ideale

Herbstlicher Blick vom Königstuhl auf Heidelberg und in die Rheinebene

Startbahn zu schaffen, die dann auf der Wiese unterhalb von Stift Neuburg in Ziegelhausen landen.

Folgen Sie dem Weg weiter nach oben, vorbei an der Gaststätte, bis Sie auf der linken Seite auf die Falknerei „Tinnunculus" treffen.

TINNUNCULUS
Königstuhl 2a · 69117 Heidelberg
Tel.: 06221/485936, 0173/3067007
www.tinnunculus-heidelberg.de
Flugvorführungen: Apr. – Okt., Di – Fr., 11.30 Uhr, Sa., So.,
Feiertage 11.30 Uhr, 15.30 Uhr
Anfahrt: Bergbahn, Bus 39, Haltestelle Königstuhl
Eintritt: 6 €, ermäßigt 4 €

Während der Vorführung erfährt man so einiges über Uhus, verschiedene Falkenarten und einen Adler – welcher, wird hier aber nicht verraten, denn das sollen die Zuschauer erst einmal selbst erraten. Eine nicht nur unterhaltsame, sondern durchaus lehrreiche Veranstaltung für Groß und Klein, bei der Sie im Vergleich zu anderen Flugschauen auch aktiv eingebunden werden. Ehe Sie sich versehen, haben Sie vielleicht sogar einen Falkner-Handschuh samt Piepmatz auf der Hand.

Von hier aus können Sie nun einen kleinen Rundweg beginnen, der Sie am Fernsehturm vorbei zunächst bis an eine Holztafel führt, die Ihnen eine Vielzahl von Wanderwe-

Falknerei Tinnunculus

gen auf und um den Königstuhl herum präsentiert. Je nach Ihrem Bewegungsdrang steht es Ihnen ab hier offen, zu einer längeren oder kürzeren Wanderung aufzubrechen. Vorschläge meinerseits hierfür wären ein Besuch im Arboretum und auf dem Kohlhofareal – praktisch ist, dass Sie hier auch die Buslinie 39 nutzen können.

Um sich aber nur erst einmal einen Überblick zu verschaffen, wenden Sie sich an der Tafel nach rechts und gehen den Weg entlang leicht bergab Richtung „Märchenparadies", einem Freizeit- und Vergnügungspark für die ganz Kleinen. Der Name ist Programm: In Schaukästen erwachen Märchenfiguren auf Knopfdruck zum Leben und kleine Nasen drücken sich an den Scheiben platt. Es ist erschreckend, wenn man hier so beim Schreiben erkennt, dass die eigene Nase dort oben auch mal ganz platt war ...

Eine Parkeisenbahn, Wasserspiele, eine Drachenburg und unendlich vieles mehr, was Kinderherzen höher schlagen lässt, verbirgt sich hinter den Pforten, die im Winter leider geschlossen bleiben.

MÄRCHENPARADIES:
Königstuhl 5 · 69117 Heidelberg
Tel.: 06221/23416 · www.maerchen-paradies.de
Öffnungszeiten: Mrz. – Nov. tägl. Mo. – Sa. 10 – 18 Uhr, So.,
Feiert. bis 19 Uhr, Jul./Aug. tägl. 10 – 19 Uhr, Nov. tägl. 10 – 17 Uhr
Eintritt: 5 €, ermäßigt 4 €
Anfahrt: Bergbahn, Bus 39, Haltestelle Königstuhl

Ein paar Hundert Meter weiter die Straße hinunter und auch gut beschildert befindet sich das Gelände der Landessternwarte. Wahrscheinlich werden Sie vor verschlossenen Türen stehen, wenn Sie sich nicht zu einer Führung angemeldet haben. Aber zumindest ist diese Tür ein wunderschönes schmiedeeisernes Tor mit einer goldenen Sonne, Mond und Sternen, und der kurze Weg lohnt sich allein schon dafür.

LANDESSTERNWARTE
Königstuhl 12 · 69117 Heidelberg
Tel.: 06221/541781 · www.lsw.uni-heidelberg.de
Führungen auf Anfrage

Die Sternwarte auf dem Königstuhl

Hier machen Sie eine 180-Grad-Wende und laufen den gleichen Weg wieder zurück. An der Straßengabelung haben Sie jetzt die Möglichkeit, sich noch weiter in Himmelssphären zu bewegen. Dafür müssen Sie nach rechts abbiegen und bis zur nächsten Weggabelung gehen, um den Schildern bis zum Haus der Astronomie zu folgen. Der Weg dorthin beträgt noch gute 800 Meter. „Einfach so" können Sie das Haus der Astronomie jedoch nicht besichtigen – Führungen, für die Sie sich im Vorfeld anmelden müssen, dauern an die zwei

Hier geht's zum Haus der Astronomie

Das Haus der Astronomie auf dem Königstuhl

Stunden. Vielleicht möchten Sie ja noch einmal ohne einen längeren Spaziergang wiederkommen, mit dem Bus oder dem Auto.

HAUS DER ASTRONOMIE
MPIA-Campus · Königstuhl 17 · 69117 Heidelberg
www.haus-der-astronomie.de
Führungen für Gruppen ab 12 Personen
Anmeldung unter: fuehrungen@hda-hd.de · Tel.: 06221/ 528160
(Mo. – Do., 10 – 12 Uhr)

Machen Sie kehrt, laufen den selben Weg wieder bis zur Kreuzung zurück und wählen Sie dann den unteren Weg zurück zur Bergbahnstation.

Falls Ihnen gerade eine Bahn vor der Nase weggefahren sein sollte, haben Sie glücklicherweise noch Zeit, sich das liebevoll eingerichtete kleine Museum der HSB anzuschauen. Eine alte Uniform, Haltestellenschilder, Holzsitze, Miniaturen – hier finden Sie einige schöne Erinnerungsstücke aus der guten alten Zeit. Eine Etage tiefer

Bergbahnmuseum auf dem Königstuhl

liegt der Maschinenraum. Interessant wird es da, wenn die Bahn sich in Bewegung setzt.

Falls Sie etwas länger für das Bergbahnmuseum gebraucht haben und Ihnen jetzt auch noch die zweite Bahn davongefahren ist, nutzen Sie die Zeit und nehmen Sie Platz in Heidelbergs schönstem regionalen Kiosk, dem „Riosk". Der Blick bis in die Pfalz jenseits des Rheins ist atemberaubend! Sollte Sie jetzt ein leichtes Hungergefühl befallen, sind Sie hier genau richtig: selbstgemachte Brote, gutes Heidelberger Bier, „Worscht, Weck un Woi", fast alles regional – und die Aussicht gibt's „fer umme" dazu. Vielleicht fährt Ihnen ja noch eine Bahn vor der Nase weg…

RIOSK Fuchsbau Königstuhl
Königstuhl 1b · 69117 Heidelberg · www.riosk.de
Öffnungszeiten: tägl. 11 – 20 Uhr, im Winter bis 17 Uhr

Jetzt geht es wieder hinunter nach Heidelberg, erst mit der historischen Bahn, dann mit der neuen. Vielleicht möchten Sie die Rückfahrt ja am Schloss unterbrechen, dort noch etwas verweilen und dann zu Fuß die Tour über den Burgweg oder den „Kurzen Buckel" beenden.

Anstrengend war sie nicht, diese Bergerkundung, aber wie sagt man hier: „Schä war's!"

Kulinarischer Streifzug
durch die Heidelberger
Altstadt

Kulinarischer Streifzug durch die Heidelberger Altstadt

Liebe geht eben doch durch den Magen...

Gestalten Sie diesen Spaziergang der besonderen Art wie Ihre eigene Lieblings-Speisekarte: Ich zeige Ihnen, wo es lang geht, und Sie genießen, wonach Ihnen gelüstet – alla hopp, es ist angerichtet!

Dauer: ca. 1 Stunde
Länge: ca. 1,5 km
Strecke: zwei minimale Steigungen, altes Kopfsteinpflaster
Anfahrt: Bus 33, 35, Haltestelle Neckarmünzplatz

Nach der langen, anstrengenden Anreise mit dem Linienbus haben Sie sich erst einmal ein kühles, leckeres, frisch gebrautes Bier verdient und sind darum schon auf dem richtigen Weg zur ersten Station dieses kulinarischen Streifzuges: zum Roten Ochsen. Gehen Sie von der Haltestelle an der Bergbahnstation ein kurzes Stück bis zur

Karlstraße, in die Sie nach rechts einbiegen. Schon sehen Sie den Karlsplatz, den Sie überqueren und gleich auf der gegenüberliegenden Seite das „gelobte Land" sehen.

Neben der Badischen Flagge schmückt sich der „Rote Ochsen" auch mit einer Hamburger und einer Schweizer Fahne als Zeichen und in Erinnerung an die lange Tradition von Generationen hanseatischer und Schweizer Studenten, die im „Roten Ochsen" meist ein zweites Zuhause gefunden hatten. An dieser Stelle muss übrigens erwähnt werden: Wir befinden uns im Bundesland Baden-Württemberg, zuvor Großherzogtum Baden und davor bis 1803 Kurpfalz. 1952 wurden die Badener (wenn Sie jetzt sagen „Heißt das nicht Badenser?", schicke ich Sie mit dem nächsten Zug auf die Schwäbische Alb!) mit Württemberg nach einem Volksentscheid zu ihrem Leidwesen im neuen Südweststaat vereint. Sitzt man nun des Abends zum Beispiel hier im „Roten Ochsen" beisammen, ertönt irgendwann die Hymne der Badener, das „Badnerlied", das zumindest von den anwesenden Heidelbergern/Badenern inbrünstig mitgesungen wird. Und das geht so:

Das schönste Land in Deutschlands Gau'n,
das ist mein Badner Land.
Es ist so herrlich anzuschaun
und ruht in Gottes Hand.
Refrain:
D'rum grüß ich dich mein Badnerland,
du edle Perl' im deutschen Land, deutschen Land.
frisch auf, frisch auf; frisch auf, frisch auf;
frisch auf, frisch auf mein Badnerland.

Das Badener Wappen

Der „Rote Ochsen" befindet sich seit sechs Generationen in Besitz der Familie Spengel. Die Bilder und Briefe an den Wänden zeugen von illustren Gästen wie dem Eisernen Kanzler Otto Fürst von Bismarck, Mark Twain oder Mamie Eisenhower. In den Gästebüchern, die wie Schätze verwahrt werden, findet man die freundlichen Erinnerungsbezeugungen von Marilyn Monroe, John Wayne,

HEIDELBERG
Hauptstraße 217

Alte Anzeige von Spengels
„Rotem Ochsen"

John Foster Dulles und, schon lange vorher, deutscher Schauspielgrößen wie Heinrich George. Letzterer stand bei den Schlossfestspielen 1938 als gefeierter Götz von Berlichingen auf der Bühne. Eine Paraderolle, nach deren Titel er seinen neugeborenen Sohn benannte.

Im „Roten Ochsen" erwartet Sie regionale badische Küche. Tipp: Probieren Sie mal den Odenwälder Mostbraten mit Rotkraut und hausgemachten Knödeln – ein Spengel-Rezept, bei dem Ihnen das Wasser im Mund zusammenlaufen wird!

ZUM ROTEN OCHSEN
Hauptstraße 217 · 69117 Heidelberg
Tel.: 06221/20977 · www.roterochsen.de
Öffnungszeiten: Apr. – Okt. Mo. – Mi., 17 – 23 Uhr, Do. – Sa.,
11.30 – 14 Uhr, 17 – 23 Uhr, Okt. – Mrz., Mo. – Sa. ab 17 Uhr

Weiter geradeaus geht es entlang der Hauptstraße am „Sepp'l", einem weiteren historischen Studentenlokal, und der hervorragenden Pralinenmanufaktur Vorbach vorbei direkt auf den Karlsplatz zu. Linker Hand haben Sie einen wunderschönen Blick auf das Schloss, rechts laufen Sie entlang des hellgelben Gebäudes am Germanistischen Seminar der Universität, dem Palais Boisserée, vorbei. Anfang des 19. Jahrhunderts hatten die Gebrüder Sulpiz und Melchior Boisserée aus Köln hier eine bedeutende Kunstsammlung zusammengetragen, die, als sie sie 1827 an König Ludwig I. von Bayern verkauften, den Grundstock der Alten Pinakothek in München bildete. Der Erlös des Verkaufs floss in die Vollendung des Kölner Doms Mitte bis Ende des 19. Jahrhunderts.

An der nächsten Straßenecke biegen Sie rechts in die Mönchgasse ein und wechseln gleich auf die andere Straßenseite. Schauen Sie vorher aber noch einmal nach links. Das Schaufenster des „Café Gundel" ist die süßeste Verlockung, die Sie in diesem Teil der Altstadt finden können: Kuchen, Küchlein, Plätzchen, Kekse, Süßes, Salziges, und alles immer passend zur entsprechenden Jahreszeit. Herrlich!

Gehen Sie die Mönchgasse ungefähr 30 Meter hinunter, biegen dann nach links in die Heiliggeiststraße ab und folgen ihr, bis diese in den Marktplatz zwischen dem Rathaus zu Ihrer Linken und der Heiliggeistkirche gegenüber mündet: Bistros, Cafés, Bars und kleine Restaurants haben hier ihre Tische und

Das „Café Gundel" am Karlsplatz

Mediterranes Flair auf dem Marktplatz in der Altstadt

Schirme aufgestellt. Man sitzt in der Sonne, so sie denn scheint, und es ist wie auf allen zentralen Plätzen: sehen und gesehen werden!

Halten Sie sich auf der rechten Seite des Platzes, quasi immer an der Wand entlang, bis Sie unterhalb der Heiliggeistkirche rechts in die Steingasse abbiegen. Nirgendwo sonst in der Stadt gibt es so viele Gastronomiebetriebe auf so engem Raum, sodass Sie, sollten Sie sich zu einer ausführlichen „Testbegehung" entschließen, die nächsten paar Tage beschäftigt sein werden.

Die „Trattoria Toscana" direkt an der Ecke zur Steingasse hat außerhalb ihrer Gasträume den wahrscheinlich romantischsten Tisch in der ganzen Altstadt zu bieten. Diesen lauschigen Alkoven mit Wandmalereien an der nördlichen Seite der Heiliggeistkirche müssen Sie allerdings einige Zeit im Voraus reservieren. Eine rot-weiß karierte Tischdecke, Kerzenschein, köstlicher Wein oder „ä Vertele" und der oder die Herzallerliebste Ihnen gegenüber – traumhaft!

TRATTORIA TOSCANA
Marktplatz 1 · 69117 Heidelberg
Tel.: 06221/28619 · www.trattoria-toscana-hd.de
Öffnungszeiten: tägl. 11.30 – 23 Uhr

Im Verlauf der Steingasse treffen Sie unter anderem auf eine Osteria und gleich daneben auf der rechten Seite auf das Brauhaus Vetter, das es mit seinem Bier VETTER 33, nach Reinheitsgebot gebraut und 33% Stammwürze, 1994 ins Guinnessbuch der Rekorde geschafft hat. Im Jahre 1838, als es noch 38 Brauereien in Heidelberg gab, wäre ein solch starkes Getränk im wahrsten Sinne des Wortes „der Hammer" gewesen. Vetters Alt Heidelberger Brauhaus entstand 1987 wahrlich aus der Leidenschaft zum Bier und ist heute bei Heidelbergern und internationalen Gästen außerordentlich beliebt. Das naturtrübe Bier, der Klassiker, kann man in 1l-Flaschen mitnehmen, und je nach Saison gibt es ein dunkles Hefeweizen, Märzen, Maibock oder Weihnachtsbier.

VETTERS ALT HEIDELBERGER BRAUHAUS
Steingasse 9 · 69117 Heidelberg
Tel.: 06221/165850 · www.brauhaus-vetter.de
Öffnungszeiten: Mo. – Do., So., 11.30 – 24 Uhr, Fr., Sa., 11.30 – 2 Uhr

Und dann kommt der „Hackteufel", der zu Heidelberg gehört wie die gleichnamige Granitverwerfung im Neckar kurz vor der Schleuse. Bis vor knapp 100 Jahren blieben die Lastkähne neckarauf- wie -abwärts hängen und fanden hier ihr Verderben.

Die Weinstube mit ausgezeichneter Kurpfälzer Küche, sehr gemütlichem Ambiente und freundlichem Service verheißt nur das Beste an regionalen kulinarischen Freuden. Besonders gemütlich sitzt man in einer der beiden Nischen und im Sommer mitten „uff der Gass'", wo man das bunte Treiben in dieser belebten Altstadtgasse ganz entspannt beobachten kann. Und ganz praktisch: Im „Hackteufel" können Sie auch übernachten!

Der „Hackteufel" in der Steingasse 7

Schräg gegenüber geht es gleich weiter mit dem „Casa del Caffè" von Rudolf Miltner. In früheren Zeiten befand sich in dem schmalen, lang gestreckten Raum eine kleine Bäckerei, heute ist das Kaffeehaus Treffpunkt für alle, die den perfekten Milchschaum suchen (und hier auch finden!), eine Kleinigkeit verzehren, in Ruhe die Zeitung lesen oder abends einfach noch einen „Absacker" zu sich nehmen möchten. Die Öffnungszeiten sind genial, was bedeutet, dass eigentlich immer offen ist.

Gleich neben dem „Casa del Caffè" fällt der Blick sofort auf einen Laden, der nicht nur Kinderherzen höher schlagen lässt: die Bonbonmanufaktur Heidelberg. Leckere handgemachte Bonbons in

hübschen Dosen und Tütchen, Lollis „wie die, wo es früher immer gab", lauter nette süße und auch nicht so süße Geschenkideen, oder einfach ein Bonbon für „am Schluss". Innen findet man außerdem auch die zauberhafte Zuckerküche, in der man Jens Meier beim Bonbonmachen zuschauen kann. Übrigens: Der Heidelberger Bonbonmacher könnte sich beinahe „Königlicher Hoflollibereiter"

Zuckersüßer Genuss in der Bonbonmanufaktur Heidelberg

nennen, denn im Juni 2017 haben der Herzog und die Herzogin von Cambridge, aka William und Kate, bei ihrem Heidelberg-Besuch unter Jens' Anleitung royale Lollis produziert.

Setzen Sie Ihren Weg bis zum Ende der Steingasse fort, vorbei an Heidelbergs bestem Sushi-Lokal, dem „Same Same", bis ganz vorne links am Ende zum Traditionslokal „Goldener Hecht". Johann Wolfgang von Goethe, der insgesamt acht Mal in Heidelberg weilte, wollte hier während seines dritten Aufenthaltes im Jahre 1797 übernachten, musste jedoch leider abgewiesen werden, da man ausgebucht war. An einer Wand im Inneren des Restaurants steht daher geschrieben: „Hier hätte Goethe beinahe übernachtet!" Welch Glück, sind seither über 200 Jahre vergangen, sodass Sie einfach vorher anrufen, ein Zimmer und ein Bett reservieren können und das genießen, was dem Geheimen Rat entgangen ist: ein köstliches Abendessen und eine Nacht direkt an der Alten Brücke in Heidelberg.

Jens Meier mit den „königlichen" Lollis

„Hier hätte Goethe beinahe übernachtet!"

GOLDENER HECHT

Steingasse 2 · 69117 Heidelberg
Tel.: 06221/6599222 · www.goldener-hecht-heidelberg.eu
Öffnungszeiten: tägl. 12 – 23 Uhr

Biegen Sie am „Goldenen Hecht" nach links ab, laufen vorbei am „Hotel Holländer Hof", einem weiteren Heidelberger Traditionshaus mit ausgesprochen nettem Service, und dann gleich wieder nach links in die Haspelgasse. Nach wenigen Metern sticht Ihnen sofort ein Haus mit vielen Fahnen ins Auge – das „Schnookeloch". Das letzte der drei historischen Studentenlokale, mit denen Heidelberg aufwartet und das einzige, das einen kleinen Biergarten an heißen Sommertagen zu bieten hat.

Gehen Sie einfach hinein und schauen Sie, wo sich korporierte Studenten auf ein Bier treffen und noch heute ihre Initialen oder die Insignien ihrer Verbindung in die Tische schnitzen. Paniere an den Wänden, verblichene Fotografien, die von jahrzehntelanger Tradition erzählen – hier sind sie mittendrin.

Folgen Sie der Haspelgasse weiter geradeaus, gleich stehen Sie auf der rechten Straßenseite vor dem Haus des „Studentenkusses", der ältesten Schokoladenmanufaktur Heidelbergs.

1863, als es nur jungen Männern gestattet war, ein Studium an der Universität zu absolvieren, und jungen Damen eine Erziehung an Höheren-Töchter-Schulen vorbehalten war, hatte Fridolin Knösel eine Idee, für die jeder Marketingexperte der Neuzeit eine Doktorwürde verliehen bekäme – honoris causa, versteht sich!

Seine Pralinenkreation aus dunkler Schokolade, Nougat, Sahne und einer hauchdünnen Waffel wird heute noch von Hand in der Manufaktur des Anwesens nach Originalrezept fast täglich frisch produziert. Und das Beste daran ist: Zur damaligen Zeit waren Kalorien noch nicht die kleingedruckten Teufel auf der Rückseite einer kulinarischen Köstlichkeit und de facto nicht existent.

Die jungen Leute in der Biedermeierzeit hatten es wahrlich nicht einfach, miteinander in Kontakt zu treten: Eine aus unserer heutigen Sicht verstaubte gesellschaftliche Ordnung und eine stets anwesende Gouvernante konnten einem so richtig die Lust an der Lust vermiesen. Fridolin Knösel hatte ein großes Herz und vor allem Mitgefühl mit den jungen Liebenden und taufte sein süßes Naschwerk auf den Namen „Heidelberger Studentenkuss". Der junge Mann konnte ihn kaufen, ihn im Café durch die Bedienung an

Der Heidelberger Studentenkuss

den Tisch seiner Angebeteten bringen lassen oder gar selbst und sogar in Gegenwart der Gouvernante dieses hübsche, kleine und so harmlose Präsent überreichen. Vielleicht fand sich irgendwo gar ein kleiner Zettel versteckt – den romantischen Überlegungen sind keine Grenzen gesetzt.

Bis heute steht er als süßes Symbol für Heidelberger Romantik und ist das perfekte Souvenir für alle, die ein Stück Heidelberg verschenken möchten.

HEIDELBERGER STUDENTENKUSS
Haspelgasse 16 · 69117 Heidelberg
Tel.: 06221/22345 · www.studentenkuss.com
Öffnungszeiten: tägl. 11 – 19 Uhr

Die Untere Straße, die nun nach links abbiegt, hat so ziemlich alles zu bieten, was ein Nachtschwärmer sich wünscht: viele Kneipen, Bars, Cafés… Und das alles in einer Straße, die nicht breiter als vier Meter ist. Folgen Sie ihr bis zum Ende, und nehmen Sie sich so viel Zeit dafür, wie Sie möchten: Es dauert eben so lange, wie es dauert…

An ihrem Ende halten Sie sich links und folgen dann der Hauptstraße in westlicher Richtung weiter. Passieren Sie den Universitätsplatz zu Ihrer Linken und laufen immer weiter, bis Sie nach ca.

Eine Almhütte mitten in der Heidelberger Altstadt

100 Metern vor der Möglichkeit stehen, eine Weltreise zu beginnen.

Auf Heidelberger Geschichte und die Kurpfalz treffen Sie komprimiert im „Güldenen Schaf". Das barocke Stadthaus steht ganz im Zeichen hiesiger Tradition, was Sie sofort beim Eintreten bemerken werden. Urig und rustikal das Ambiente, liebevoll vereint durch feine Kurpfälzer Küche, das Ganze verteilt auf fünf verschiedene Bereiche und ein lauschiger Biergarten machen den Besuch nicht nur zu einem kulinarischen Genuss.

Spätestens jetzt sollten Sie sich entscheiden, mindestens eine Nacht in Heidelberg zu verbringen. Das dem „Güldenen Schaf" angegliederte „HIP-Hotel" hat das Wunder fertiggebracht, die ganze Welt in 27 Zimmer zu bringen, eines schöner als das andere: Marrakesch, Zermatt, Ottowa, Down Under oder Malolo – bei uns ist eben (fast) alles möglich!

GÜLDENES SCHAF UND HIP-HOTEL

Hauptstraße 115 · 69117 Heidelberg
Tel.: 06221/20879 · www.schaf-heidelberg.de · www.hip-hotel.de
Öffnungszeiten Restaurant: tägl. 11 – 23 Uhr

Und genau hier endet der kulinarische Streifzug durch die Heidelberger Altstadt. Jetzt ist es an Ihnen, sich zu entscheiden, wo es hingehen soll!

Sie können sich aber auch ganz bequem kulinarisch führen lassen. Innerhalb von drei Stunden entdecken Sie im Rahmen einer besonderen Stadtführung die Altstadt auf schmackhafte Art und Weise: ein Aperitif, von badischer Sonne verwöhnt, ein regionales Drei-Gang-Menü, drei magische Elixiere, Poesie, Süßes und Musik, all das fertig geschnürt und verpackt zum sofortigen Genuss – Heidelberg einfach köstlich!

EVENT & EVENTCHEN HEIDELBERG

Am Kronenburger Hof 17
69221 Dossenheim
Tel.: 06221/8673580
www.eventchen-heidelberg.de
Termine: zwei Mal im Monat immer samstags,
Beginn: 17.30 Uhr
Dauer: 3 Stunden
Länge: ca. 2 km
Preis: 89 €

„Oft genügt ein Fläschchen Wein zu zweien zum Seligsein…" – alte Pfälzer Volksweise leicht abgewandelt

Kühle

In einem kühlen Grunde,
da geht ein Mühlenrad.
Mein Liebchen ist verschwunden,
das dort gewohnet hat.

Freiherr Joseph von Eichendorff
in Heidelberg 1807/1808

Der „lange" Weg nach Süden

Von Bergheim bis ins Herz von Rohrbach

Dauer: ca. 2 Stunden
Länge: 6,5 km
Strecke: größtenteils eben, gute Wege
Anfahrt: Bus 29, Haltestelle Bismarckplatz, Bahn 24, Haltestelle
Hauptbahnhof, 23, Haltestelle Bismarckplatz

Beginnen Sie diese Tour, die Sie über das Altklinikum und die Weststadt in das Herz des kleinen Örtchens Rohrbach führt (seit 1927
Stadtteil von Heidelberg) am wahrscheinlich lautesten und unro-
mantischsten Ort in der ganzen Stadt: dem Bismarckplatz. Keiner
käme hier auf die Idee, vordergründig an Joseph von Eichendorff zu

denken, aber behalten Sie ihn
im Hinterkopf, und verlassen
Sie den Bismarckplatz auf dem
schnellsten Wege wieder.
Überqueren Sie die Fußgängerampel an einem großen
Drogeriemarkt (fängt mit „M"
an), gehen nach rechts und
biegen gleich darauf in die
Luisenstraße zur Linken ein.
Gut erkennbar ist sie am Komplex der Atosklinik mit einer
fabelhaften Notfallambulanz!
Sollte Ihren Gliedmaßen, was
der liebe Gott verhüten möge,
auf einem der Spaziergänge
ein Leid geschehen, legt die
Autorin Ihnen wärmstens ans

Eichendorff-Gedenkstein im Philosophengärtchen

Herz, sich vertrauensvoll an
die Ärzte dort zu wenden!

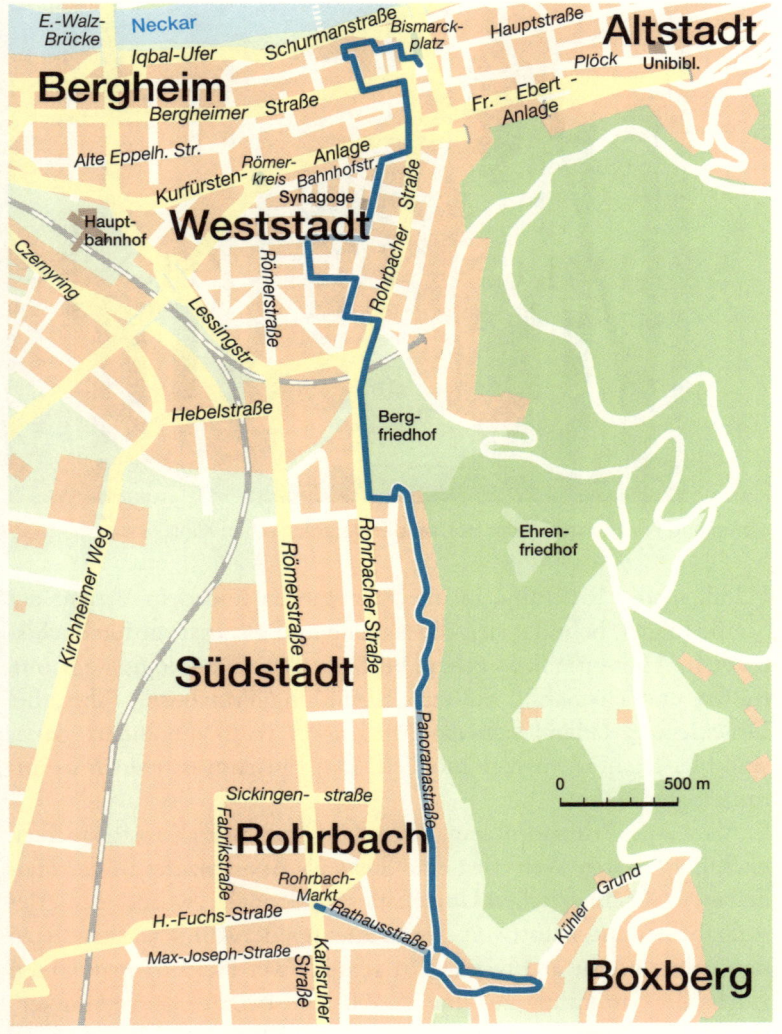

Folgen Sie der Straße bis zum Ende und betreten Sie hier das Gelände des Altklinikums. Große, alte Bäume geben dem Ganzen einen Hauch von Park und lassen keine Sterilität aufkommen. Vor Ihnen liegen verschiedene Abteilungen der Hautklinik, rechter

Sammlung Prinzhorn im alten Hörsaal der Neurologischen Klinik

Hand, in der Richtung, in die Sie abbiegen und dem Verlauf der Straße folgen, befindet sich die Kapelle und das Institut für Rechtsmedizin. Hier bitte links gehen, bis Sie auf die Neurologische Klinik treffen und ein Schild Sie zur „Sammlung Prinzhorn" führt. Bei Drucklegung befand sich das Areal unter Baumaßnahmen, daher sind hier leichte Umwege möglich. Das Museum ist jedoch in unmittelbarer Nähe!

Als Hans Prinzhorn, ein deutscher Arzt und Kunsthistoriker, nach dem Ersten Weltkrieg eine Stelle als Assistenzarzt in der Heidelberger Psychiatrischen Universitätsklinik antrat, wurde er mit der Aufgabe betraut, Kunstwerke von Patienten der Klinik zu sichten, zu sammeln und zu archivieren. In seinen zwei Heidelberger Jahren wuchs die Sammlung auf über 5.000 Kunstwerke „geisteskranker" (heute eine politisch nicht korrekte Bezeichnung!) Menschen an und wurde auch durch Stücke aus Beständen anderer deutschen Kliniken erweitert.

Dass Genie und Wahnsinn sehr oft sehr nah beieinander liegen, ist eine an manchen Stellen erschreckende Erkenntnis, die man beim

Besuch oder noch besser bei einer Führung durch dieses wahrhaft beeindruckende Museum beklemmend erfährt. Denn: Was ist krank und was ist gesund?

MUSEUM SAMMLUNG PRINZHORN
Voßstraße 2 · 69115 Heidelberg
Tel.: 06221/564739 · prinzhorn.ukl-hd.de
Öffnungszeiten: Di., Do. – Sa., 11 – 17 Uhr, Mi., 11 – 20 Uhr
Eintritt: 5 €, ermäßigt 3 €, Kinder bis 14 Jahre frei
kostenlose Führungen: Mi., 18 Uhr, So., 14 Uhr

Verlassen Sie das Museum, gehen über den Hof auf die Hospitalstraße, der Sie nach links bis zum Ende folgen. Vorbei an der alten Augenklinik zu Ihrer Linken, stoßen Sie gleich vorne auf die Bergheimer Straße, die Sie vorzugsweise an der Fußgängerampel einige Meter weiter links überqueren. Es ist verlockend, hier mal schnell auf die andere Seite zu sprinten, aber in Anbetracht der Tatsache, dass Sie dabei auch einen Gleiskörper überqueren müssen, wird dringend von der Sprintaktion abgeraten!

Also, nachdem Sie ganz legal über die Bergheimer Straße gekommen sind, bleiben Sie auf dieser Straßenseite und laufen erst einmal immer geradeaus. Die Galeria Kaufhof mit der alten, teilweise noch vorhandenen Eiermann-Fassade („Hortenkacheln"), die jedes Kaufhaus Horten in Deutschland zierte, liegt auf der anderen Straßenseite. Hier biegen Sie am Restaurant Rossi rechts in die Poststraße ein und folgen dem Verlauf ca. 300 m bis sie rechter Hand auf eine Art kleinen Vorplatz stoßen. Dahinter erhebt sich ein architektonisches Schmuckstück aus der Zeit um die Jahrhundertwende. Das Alte Hallenbad, in den Jahren 1903 bis 1906 vom Architekten Franz Sales Kuhn im Jugendstil und Klassizismus erbaut, war bis zu seiner Schließung 1981 „ein Tempel des Volkes", wie Sabine Arndt, Heidelberger Fotografin, es in ihrem liebevoll gestalteten Bildband von 2015 taufte.

Nach seiner Schließung haben sich die Heidelberger mit der möglichen Nutzung etwas schwer getan, bis der ganze Komplex

2008 an den Investor Hans-Jörg Kraus verkauft wurde. Nach einigen Zwischennutzungen gibt es dort heute einen Naturkost-Lebensmittelmarkt, im Erdgeschoss das Restaurant Urban Kitchen, in dem man bei schönem Wetter auch gut draußen sitzen und „Leute gucken" kann.

2017 zog das Körperwelten-Museum des bekannten Heidelberger Anatomen Dr. Gunther von Hagens in einen Teil der Räumlichkeiten. „Anatomie des Glücks" ist eine Ausstellung, die seit ihrer Eröffnung in Heidelberg heiß diskutiert wurde. Von Pro und Contra über „Ist so etwas ethisch vertretbar" bis zu „Warum eigentlisch net…?" gab es diverse Stimmen. Mein Tipp: Nehmen Sie sich die Zeit, und schauen Sie rein. Wer natürlich partout nicht möchte, kann ja im Urban Kitchen eine hausgemachte Limonade schlürfen und dann weiter wandern. Außer in Heidelberg finden Sie die Körperwelten in Deutschland dauerhaft nur noch in Berlin.

MUSEUM KÖRPERWELTEN
Poststraße 36/5
69115 Heidelberg
Tel.: 06221/1362920
koerperwelten.de/ausstellung/heidelberg/
Öffnungszeiten: Mo., Di., Do., Fr. 9 – 18 Uhr, Mi. 9 – 21 Uhr, Sa., So., Feiert. 10 – 18 Uhr
Eintritt: 17 €, ermäßigt 14 €, bis 18 Jahre 11 €

Gehen Sie nun mit dem Alten Hallenbad im Rücken zunächst ein kleines Stück nach links, biegen gleich wieder rechts ab und vorne an der Kurfürstenanlage wieder links. Nach ca. 200 m erreichen Sie rechts das „Carré", zu dem die Heidelberger immer noch „Menglerbau" sagen. Das 1961 erbaute Hochhaus, das sich hier über alles andere erhebt, ist nach wie vor das Einzige in der Innenstadt und stellte zur damaligen Zeit eine Sensation in Heidelberg dar.

Gehen Sie weiter bis zur nächsten Ampel am Adenauerplatz, dem früheren Seegarten, und wechseln Sie an dieser Stelle auf die andere Straßenseite der Kurfürstenanlage. Genau hier stand bis 1955 der

Das Heidelberger Museum „Körperwelten" mit der Ausstellung „Anatomie des Glücks" befindet sich seit 2017 im Alten Hallenbad

alte Heidelberger Hauptbahnhof, der als Kopfbahnhof für die Badische Hauptbahn Mitte des 19. Jahrhunderts gebaut wurde. Fast alle um den Platz herum gelegenen Bauten waren Hotels, die durch die unmittelbare Nähe zu Zügen und Gleisen ihren Gästen „den Duft der großen weiten Welt" vermittelten. Geblieben sind davon heute das „Hotel Europa – Der Europäische Hof" in der Friedrich-Ebert-Anlage gen Osten und das „Hotel Schrieder" gleich gegenüber, welches 1986 mit Um- und Anbauten ein „Crowne Plaza" wurde.

1878 traf Samuel Clemens Langhorne, besser bekannt als Mark Twain, samt Familie in Heidelberg ein und verbrachte die erste Nacht im „Hotel Schrieder". Hingerissen von Heidelberg und seiner romantischen Umgebung, entschloss er sich, länger in der Stadt zu bleiben. Vom „Schrieder" zog die Familie allerdings alsbald in das heute nicht mehr existierende Schlosshotel und verbrachte dort drei Monate im Sommer 1878. Universität, Studentenleben, Karzer und die kurpfälzische Lebensart inspirierten ihn zu großen Teilen seines

Wilhelmsplatz mit St. Bonifaz

Reiseberichtes „A tramp abroad" (dt.: ein Bummel durch Europa), und auch über die „schreckliche deutsche Sprache" konnte er sich auslassen, etwa so: „Einige deutsche Wörter sind so lang, dass sie eine Perspektive haben!"

Umrunden Sie das „Crowne Plaza" und biegen Sie in die Bahnhofstraße ein, die Sie an der nächsten Straßenecke zur Linken schon wieder verlassen und in die Häusserstraße einbiegen.

Sie sind jetzt im Stadtteil Weststadt angekommen, der größtenteils zur Zeit des Eisenbahnbaus und in den darauffolgenden Jahrzehnten entstanden und gewachsen ist. Folgen Sie der Häusserstraße bis zur neuen Synagoge auf der rechten Straßenseite.

Die alte Synagoge der Heidelberger jüdischen Gemeinde befand sich in der Altstadt in der Großen Mantelgasse/Ecke Lauerstraße, die in der Reichspogromnacht 1938 zerstört wurde. Bis 1994 hatte die Gemeinde kein eigenes Gotteshaus, zog aber dann in dieses vom Architekten Alfred Jacoby entworfene moderne Synagogengebäude.

Laufen Sie ganz gemütlich weiter und genießen Sie das Jugendstil-Ambiente der Weststadt. Noch so manches Haus hat die typischen buntverglasten Fenster mit Blumenornamenten, die den neugierigen Spaziergänger leider nur erahnen lassen, welch farbenfrohes Lichtspiel die Bewohner täglich aufs Neue erfreut. Biegen Sie an der nächsten Kreuzung rechts in die Kaiserstraße ein und folgen ihr bis zum Wilhelmsplatz, auf dem samstags ein schöner Wochenmarkt stattfindet.

Jetzt heißt es einfach nur spazieren und schauen: Biegen Sie vom Wilhelmsplatz nach Süden über die Kleinschmidtstraße in die Zähringerstraße nach links ab, bis Sie wieder auf die Häusserstraße stoßen, um dann bei der zweiten links in die Dantestraße einzubiegen. Übrigens: Interessant ist, dass es in der Weststadt überwiegend Single-Haushalte gibt. Zwei Drittel davon sind Studenten und der Rest „alleinstehende ältere Frauen".

Am Ende der Dantestraße rauschen die Autos auf der Rohrbacher Straße stadtein- und stadtauswärts. Überqueren Sie sie und laufen auf der linken Straßenseite weiter, bis Sie nach ungefähr 600 Metern am Haupteingang des Bergfriedhofs vorbeikommen. 1844 wurde

Heidelberger Synagoge

Idyllischer Ortskern im alten Rohrbach

Eichendorffs „Roter Ochsen"

dieser angelegt und ist heute einer von 17 Heidelberger Friedhöfen. Die Grabstätten zahlreicher berühmter Heidelberger und derer, die weit über Heidelbergs Grenzen hinaus Berühmtheit erlangt haben, befinden sich dort. Anhand eines kleinen Faltplanes, herausgegeben von der Stadt Heidelberg, kann man über vier Rundwege den Friedhof erkunden. Reichspräsident Friedrich Ebert, Carl Bosch, Robert Bunsen, Marie Baum, Gustav Radbruch und viele andere haben hier ihre letzte Ruhe gefunden.

Gehen Sie noch ein Stück entlang der roten Sandsteinmauer des Friedhofes und biegen an deren Ende links in die Görresstraße ein. Folgen Sie ihr, bis diese nach rechts abknickt. Sie gehen bitte in linker Richtung zum Beginn der Panoramastraße.

Gegen Ende wird die Bebauung wieder enger, die Häuser kleiner und ländlicher. Sie sind in Rohrbach, einem der ältesten Heidelberger Stadtteile angekommen, dessen Bewohner meist Landwirte oder Winzer waren. Die Panoramastraße endet, wo der Winzerweg beginnt. Folgen Sie ihm in seinem kurzen idyllischen Verlauf, bis Sie auf den Müllenberg kommen und ihm nach links abbiegend folgen. Nach 200 Metern haben Sie das erreicht, was im Deutschen Volksliedgut fast jeder kennt: den „Kühlen Grund" – es gibt ihn wirklich!

Als Freiherr Joseph von Eichendorff 1807 nach Heidelberg kam, nahm er Quartier in der Heidelberger Hauptstraße. Dort verliebte er sich in die aus Rohrbach stammende Tochter eines Küfers, Katharina Förster, und kam so regelmäßig in das kleine Dorf. Er wird sicherlich nicht mit einer Kutsche gefahren sein, auch längere Wege wie zum Beispiel nach Schwetzingen oder gar Mannheim legte man als Student zu Fuß zurück. Ob er vielleicht sogar denselben Weg gelaufen ist, den Sie heute spaziert sind, wissen wir nicht. Sicher ist nur, dass ihn mit „Käthchen" eine tiefe Zuneigung verband, die er in seinem berühmt gewordenen Gedicht niederschrieb.

Die Liebe zerbrach, was aber nicht daran lag, dass man einander überdrüssig geworden war. Es waren die Eltern des jungen Freiherrn, die von der Verehelichung ihres Joseph mit einer Rohrbacher Küferstochter alles andere als angetan waren und ein schlichtes Verbot aussprachen – andere Zeiten, andere Sitten. Es hat nicht sollen sein, und Eichendorff verließ Heidelberg 1808. Von Katharina ist überliefert, dass sie später im Heidelberger „Schnookeloch" als Bedienung arbeitete und im Alter von nur 49 Jahren an Tuberkulose verstarb.

Machen Sie an dieser Stelle eine Wende und folgen dem Bierhelderweg bergab. Der Weg zurück führt Sie über die Rathausstraße hinunter bis zum Rohrbach-Markt, einem kleinen Verkehrsknoten, von dem aus Sie mit den Straßenbahnlinien 23 und 28 in die Innenstadt zurückkommen oder mit der Linie 24 zum Hauptbahnhof.

Auf nach Hendesse

Mein Schatz, der isch vun Hendesse,
Der hot e schäi Gemisehändele
Der hot in grouße Goode
Baut Schdeckzwiwwel un Dumoode
Und Boune hot er aa,
dirallalaa, dirallalaa…

Auf nach Hendesse

Durch Neuenheim entlang der Bergstraße nach Handschuhsheim

 Dauer: 1,5 Stunden
Länge: 5 km
Strecke: größtenteils eben, gute Wege
Anfahrt: Bus 35, Haltestelle Alte Brücke, Bahnen: 5 und 23,
Haltestelle Bismarckplatz

Liebe Heidelberger der anderen 13 Stadtteile! Nehmen Sie es mir nicht übel, Heidelberg ist eine rundherum schöne Stadt, aber die wohl bevorzugtesten Stadtteile – wenn man mal einen Blick auf die Immobilienpreise wirft – sind eindeutig Neuenheim und Handschuhsheim auf der nördlichen Seite des Neckars gelegen. Dort, wo der Altstadtrundgang geendet hat, mitten auf der Alten Brücke, beginnt der Spaziergang nach Handschuhsheim, von alten Heidelbergern meist nur Hendesse genannt. Und wenn es Ihnen gelingen sollte, die erste Strophe des obenstehenden alten handschuhsheimer

Liedes aus kurpfälzischer Mundart in akzentfreies Hochdeutsch zu bringen, dann sind Sie schon auf dem richtigen Weg zu dem, wofür Handschuhsheim auch heute noch bekannt ist: seine fruchtbaren Äcker in der Rheinebene.

Überqueren Sie die Brücke in nördlicher Richtung, biegen Sie, unten angekommen, nach links ab und nehmen sogleich die Stufen, die hinunter zum Neckar führen. Genießen Sie nun jeden einzelnen Schritt auf dem Leinpfad, der Sie neckarabwärts parallel zur oben verlaufenden Neuenheimer Landstraße Richtung Theodor-Heuss-Brücke führt.

Achtung bei Hochwasser! Wir sind zwar nicht in den USA mit manchmal etwas skurrilen Verbraucherklagen, nichtsdestotrotz weise ich Sie hiermit darauf hin, dass es sich nicht empfiehlt, den Leinpfad bei Hochwasser zu betreten! Von Betreten kann auch nicht die Rede sein – das Gelände ist dann unter Wasser und der Neckar macht seinem keltischen Namen „Wilder Geselle" alle Ehre. Spazieren Sie in diesem Falle entlang der Neuenheimer Landstraße!

Nach knapp 100 m sticht oben an der Straße ein hellgelbes Haus hervor, das Heidelberg-College, die älteste Privatschule der Stadt, gegründet 1887, und die älteste nicht-kirchliche Privatschule Baden-Württembergs. 1906 verschmolz das Heidelberg College mit dem älteren Neuenheim College. Das Neuenheim College besuchten die beiden Söhne von Oscar Wilde, nachdem ihr Vater in England 1895 zu einer zweijährigen Zuchthausstrafe verurteilt worden war. Über seine Heidelberger Zeit schreibt Vyvyan Holland, der Sohn von Oscar Wilde, in einem Buch, das 1954 anlässlich des 100. Geburtstages seines Vaters erschien.

Auf der gegenüberliegenden Altstadtseite erkennen Sie das Zeughaus Marstall, ein aus dem späten Mittelalter stammendes, unter Kurfürst Ludwig V. erbautes Bollwerk zur Unterbringung von „Kriegsgerätschaften" – eine Art Waffenarsenal – und der kurfürstlichen Stallungen. Seit fast 100 Jahren ist dort eine der drei Mensen

Der Leinpfad verläuft am nördlichen Neckarufer parallel zur Neuenheimer Landstraße

der Universität untergebracht, was die Studenten früher zu dem Ausspruch veranlasste: „Was früher die Pferde bekommen haben, essen jetzt wir …!" Dass das sicherlich nicht der Fall ist, zeigt die Auszeichnung, die die Marstallmensa wiederholt in Folge bekommen hat: Sie wurde von Studenten zur beliebtesten Mensa Deutschlands gewählt!

Kurz vor der Theodor-Heuss-Brücke wird der Leinpfad etwas breiter und geht langsam in das Naherholungsgebiet der Neckarwiese über. Auf Höhe des Heidelberger Ruderclubs 1872 e.V. verlassen Sie Leinpfad und Neckarwiese und überqueren die Uferstraße. Vielleicht haben Sie Glück und können einen Blick auf die Boote des Heidelberger Ruderklubs werfen, der zugleich auch der älteste Rugbyverein Deutschlands ist.

Es ist zwar noch etwas früh, um eine Pause einzulegen, sollte Ihnen aber danach sein, geben Sie Ihrem Hunger- oder Durstgefühl einfach nach. Das Klubrestaurant des HRK „Zum Achter" befindet sich genau oberhalb der Klubräumlichkeiten, hat eine schöne überdachte Terrasse mit Blick auf Schloss und Neckar und ab April einen Biergarten an der Neckarwiese. In der Küche legt man Wert auf regionale Produkte, wie Handschuhsheimer Gemüse und Salate, das

Fleisch kommt von einem Neuenheimer Metzgermeister und einem nahegelegenen Geflügelhof.

ZUM ACHTER
Neuenheimer Landstr. 3a · 69120 Heidelberg
Tel.: 06221/ 418702 · www.zum-achter.com
Öffnungszeiten: Di. – Fr. ab 17 Uhr, Sa., 12 – 24 Uhr, So., Feiert. 11 – 21 Uhr

Gehen Sie nun das kleine steile Stück der Bergstraße hinauf bis zur Neuenheimer Landstraße und überqueren Sie diese am Zebrastreifen. Bevor Sie dem Verlauf der Bergstraße in nördlicher Richtung weiter folgen, laufen Sie einige Meter nach rechts bis zur Bushaltestelle, neben der sich, an der Steinmauer befestigt, eine Tafel befindet, die an den Fund eines römischen Mithräums aus dem 2. Jahrhundert n. Chr. erinnert. Dieser Fund belegt, dass neben der Verehrung anderer römischer Gottheiten auch der mystische Kult um den aus dem Persischen stammenden Lichtgott Mithras im damaligen Heidelberg vertreten war. Im Kurpfälzischen Museum der Stadt Heidelberg finden Sie in der archäologischen Abteilung eine

Der Biergarten „Zum Achter" an der Neckarwiese

An dieser Stelle wurden 1838 die Überreste eines römischen Mithräums aus dem 2. Jahrhundert gefunden

lebensgroße Nachbildung, die zu den Attraktionen des Museums gehört.

Machen Sie eine Kehrtwende, laufen Sie zurück am River Café vorbei und folgen dann rechts dem Verlauf der Bergstraße. Auf beiden Seiten der Straße werden Sie wunderschöne Häuser und Gärten aus der Gründerzeit entdecken, aber auch zwischendrin immer mal wieder einen Neubau. Die urbane Nachverdichtung macht auch vor romantischen Heidelberger Grundstücken keinen Halt ...

Nach ca. 800 Metern, in deren Verlauf es langsam aber stetig bergauf geht, kommen

Die Bergstraße mit einem typischen Fensterausschnitt aus der Zeit des Jugendstils

Sie an die Ecke Blumenthalstraße – das ist die Grenze zu Handschuhsheim, die Sie hiermit überschreiten. Nach weiteren 200 Metern stoßen Sie an die Kreuzung zum Hainsbachweg. Überqueren
Sie diese, und Sie finden gleich danach etwas zurückgesetzt auf der
rechten Seite mit der Hausnummer 106 ein herrschaftliches, von

Eine der vielen wunderschönen Villen entlang der Neuenheimer Bergstraße

Die 1911 von Professor Ludolf von Krehl und seiner Gattin erbaute Villa in der Bergstraße 106

vielem Grün umwachsenes Anwesen – die Villa Krehl. Erbauen ließ sie im Jahre 1911 der Heidelberger Mediziner Ludolf von Krehl, der 24 Jahre lang das Universitätsklinikum leitete und 1930 nach seiner Emeritierung das Kaiser-Wilhelm-Institut für Medizinische Forschung gründete. An der nach dem Zweiten Weltkrieg in ein Max-Planck-Institut umbenannten Forschungseinrichtung arbeiteten seit ihrer Gründung fünf Nobelpreisträger: Otto Fritz Meyerhof (1922, Physiologie), Richard Johann Kuhn (1938, Chemie), Walther Bothe (1954, Physik), Rudolf Mößbauer (1961, Physik) und Bert Sakmann (1991, Physik).

Krehl und seine Gattin zogen nach dem Ersten Weltkrieg ins Gärtnerhaus um und stifteten die Villa als Internat für externe evangelische Schüler. Seit 1989 gehörte sie zur Schiller International University, die ihren Campus 2012 aber in die Bahnstadt verlegte. Heute ist die Villa Sitz des European Study Centers (ESC).

Von hier laufen Sie noch ca. 200 Meter weiter bis zum Kapellenweg, in den Sie links einbiegen und ihm bis zur Handschuhsheimer

Landstraße in westlicher Richtung nach unten folgen. Hier nun bitte rechts abbiegen und gemütlich weiterspazieren bis zur Pfarrgasse. Sie merken, dass sich die Architektur verändert hat – der dörfliche Charakter kommt hier im Gegensatz zu den Neuenheimer Villen an der Bergstraße ganz klar hervor.

Links biegen Sie in die Pfarrgasse ein und kommen an deren Ende auf der rechten Seite zur St. Vitus-Kirche, der ältesten Kirche Heidelbergs. Günther Heinemann bezeichnet sie in seinem Werk „Heidelberg" als „das ländliche Gegenstück zur städtischen Peterskirche".

Der heutige Stadtteil Handschuhsheim fand seine erste urkundliche Erwähnung im Lorscher Codex im Jahre 765, kurz darauf 774 wird auch die Kirche das erste Mal erwähnt. Mitte des 11. Jahrhunderts entstand ein romanischer Bau, der Anfang des 13. Jahrhunderts erweitert und gegen Ende des 15. Jahrhunderts nach den Kriegen Friedrichs des Siegreichen, dem „Pfälzer Fritz", teilweise im spätgotischen Stil umgebaut wurde. Von 1650 bis 1907 war St. Vitus Simultankirche, wobei die Katholiken den Chor und die Protestanten das Langhaus nutzten.

Einen weiteren Umbau gab es in den 1930er Jahren durch den Heidelberger Architekten Fritz Sales Kuhn, der die Kirche nach Norden hin erweiterte und den alten gotischen Chor zur Seitenkapelle umfunktionierte, sodass die Kirche nun mit dem neuen Chor nach Norden und dem alten Turm im Westen da steht.

Nehmen Sie sich auch Zeit und schauen Sie sich die St.

St. Vitus- und Georg-Kirche in Handschuhsheim aus dem 11. Jahrhundert

Vitus-Kirche in ihrem Innern genauer an: Im südlichen Eingangsbereich finden Sie noch kaum erkennbare Fresken aus dem 15. Jahrhundert und in der gotischen Seitenkapelle vier künstlerisch beeindruckende Doppelgrabmäler, unter anderem das der letzten Herren von Handschuhsheim, deren Geschlecht im Jahre 1600 erloschen war.

Verlassen Sie den Kirchhof in südlicher Richtung und gehen auf der Steubenstraße ca. 300 Meter auf die Tiefburg zu, eine mittelalterliche Wasserburg aus dem 12. Jahrhundert. Kurz davor kommen Sie aber noch am Café Tiefburg vorbei, das weit über Handschuhsheims Grenzen für seine köstlichen Kuchen, originellen Torten, das jahreszeitliche Gebäck und die feine Patisserie bekannt ist. Sie haben ja Zeit und sind jetzt auch schon ein Stück gelaufen, da ist bestimmt noch Platz für etwas Süßes, wobei man gerade an warmen Tagen sehr schön direkt vor dem Café mit Blick auf die Tiefburg und den gegenüberliegenden Grahampark sitzen kann.

CAFÉ TIEFBURG
Steubenstraße 78 · 69121 Heidelberg
www.cafe-tiefburg.de · 06221/401080
Öffnungszeiten: Di. – Fr., So., 10 – 18 Uhr, Sa., 9 – 18 Uhr

Obwohl viel kleiner, hat die Tiefburg mit einer ebenso ereignisreichen Geschichte wie der des Heidelberger Schlosses aufzuwarten – alles eben nur nicht so weltberühmt...

Die Burg stand im Besitz der Edlen von Handschuhsheim, wobei bis heute nicht ganz nachvollziehbar ist, woher der klangvolle Name genau stammt. Vielleicht war es ja doch so, dass ein wunderhübsches Mägdelein einen zarten Handschuh verloren hat und dieser von einem unglaublich smarten und gut aussehenden Ritter in glänzender Rüstung gefunden wurde. Fortan suchte dieser mittelalterliche George Clooney in Blech nach dem „Heim des Handschuhs" und fand es schließlich samt der dazugehörigen jungen Dame, die er natürlich sofort freite und kurz danach ehelichte. Tragischerweise verstarb der letzte Ritter, Hans von Handschuhsheim, in der Blüte sei-

„Hendsemer" Tiefburg aus dem 12. Jahrhundert

ner Jugend, nachdem er von Friedrich von Hirschhorn bei einem Kampf aufs Übelste verletzt worden war. Zu Erben wurden dann die Verwandten mütterlicherseits, die Grafen von Helmstatt, die ihrerseits auch manch schaurige Geschichte erleben mussten. 1770 entdeckte Johann Ferdinand Joseph von Helmstatt in einer zugemauerten Nische die Rüstung eines geharnischten Ritters, den man offensichtlich bei lebendigem Leib eingemauert hatte. Beim Öffnen des Gemäuers und der Rüstung soll der Körper des Unglücklichen zu Staub zerfallen sein …

Seit 1950 ist die Tiefburg im Besitz der Stadt Heidelberg. Der Stadtteilverein Handschuhsheim hat hier seinen Sitz, es findet jedes Jahr ein kleiner aber feiner Weihnachtsmarkt, die „Hendsemer Art", eine Ausstellung lokaler Künstler statt, und natürlich lockt die Hendsemer Kerwe unzählige Besucher an.

Gehen Sie nun rechts um die Tiefburg herum an der evangelischen Friedenskirche vorbei, über die Kreuzung der Kriegsstraße, hinüber bis zur nächsten Querstraße, der Friedensstraße. Hier biegen Sie nach links ab und gehen bis unten an die gut befahrene

Ganz früh und noch spät im Jahr sitzt man am Wiesenweg geschützt und genießt die ersten und letzten Sonnenstrahlen

Dossenheimer Landstraße, in die Sie rechts abbiegen und bis zur Fußgängerampel vorlaufen. Knöpfchen drücken und bitte wirklich warten – der Verkehr ist zackig!

Überqueren Sie die B3 und halten sich links, wobei Sie durch die Mühlingstraße Richtung Handschuhsheimer Feld laufen. In die dritte Querstraße, den Wiesenweg, biegen Sie rechts ein und sind jetzt auch schon auf der Zielgeraden.

Linker Hand liegen die Äcker, für deren Produkte Handschuhsheim berühmt ist: Obst, Salat und frisches Gemüse, alles aus eigenem Anbau. Knappe 800 Meter laufen Sie jetzt noch, vorbei am in ganz Heidelberg bekannten Hofladen der Gemüsegärtnerei Schlicksupp, bis Sie bei zwei Ur-Handschuhsheimer Lokalen, beides Vereinsgaststätten, angekommen sind. Das ist zuerst der Kroddeweiher (zu deutsch: Krötentümpel) und die Züchterklause (zu deutsch: ach, vergessen Sie es…). Der erstere gehört zu den Aquarienfreunden und der zweite zu den Kleintierzüchtern, dessen Geflügel, auch Hinkel oder Goggel genannt, oftmals schon von Weitem gut zu hören ist.

Beim Spazieren durch das Handschuhsheimer Feld findet man immer wieder auch „private Anbieter", die ihren „Salod, Gemies, Obscht un Keschde" am Wegesrand verkaufen

Hier lässt es sich ausruhen und rasten und Sie können den Spaziergang in den Norden Heidelbergs noch einmal Revue passieren lassen, oder ganz einfach die Sonne über dem Handschuhsheimer Feld untergehen sehen.

Zur Bahnhaltestelle Burgstraße sind es nur 500 Meter. Gehen Sie nun wieder in die Richtung, aus der Sie gekommen sind, aber nur bis zum Beginn der Spielstraße auf der linken Seite. Hier verlassen Sie den Wiesenweg und laufen schnurstracks geradeaus durch die Tischbeinstraße, bis Sie wieder auf der Dossenheimer Landstraße bzw. der B3 angekommen sind. Die Haltestelle befindet sich innerhalb einer Verkehrsinsel direkt gegenüber. Sieht man zwar sofort, aber die Sache mit den Verbraucherklagen habe ich ja schon zu Beginn der Tour erläutert…

Serviceteil

Heidelberger Veranstaltungen

Festivals, Feste, Fröhlichkeit

Plant man seinen Aufenthalt in der Stadt am Neckar, so kann man sich je nach Vorliebe und Interesse für bestimme kulturelle Veranstaltungen hier gleich zeitlich etwas orientieren:

Heidelberger Frühling
Von Ende März bis Ende April treffen sich Elitekünstler aus der ganzen Welt zu diesem internationalen Musikfestival in Heidelberg. An verschiedenen Spielstätten, wie zum Beispiel der Alten Aula der Universität, der Heiliggeistkirche, der Jesuitenkirche oder dem Großen Saal der historischen Stadthalle, finden seit 1997 Konzerte, Liederabende, begleitende Vorträge, Künstlerabende und Workshops statt.
www.heidelberger-fruehling.de

Heidelberger Stückemarkt
Von Ende April bis Anfang Mai wird hier im Besonderen moderne Dramatik von deutschen und ausländischen Nachwuchsautoren präsentiert.
www.heidelberger-stueckemarkt.de

Heidelberger Literaturtage
Für drei Tage im Juni finden im Rahmen dieses Literaturfestivals Lesungen nationaler und internationaler Künstler und Autorengespräche statt.
www.heidellittage.de

Schlossbeleuchtungen
Dieses drei Mal jährlich – 1. Sa. im Juni, 2. Sa. im Juli, 1. Sa. im September – stattfindende Spektakel erinnert an die glanzvollen Hochzeitsfeierlichkeiten Kurfürst Friedrichs V. und der englischen

Prinzessin Elizabeth Stuart im Jahre 1613 – ein wahrhaft romantisches Ereignis. Bevor das Feuerwerk auf der Alten Brücke entzündet wird, scheint das Schloss lichterloh in Flammen zu stehen. Damit wird auch der Zerstörungen aus den Jahren 1689 und 1693 durch die Franzosen gedacht. Den besten Blick hat man von der dem Schloss gegenüberliegenden Neckarseite, entweder direkt vom Ufer aus oder vom Philosophenweg, sozusagen Logenplätze! Aber Achtung: Dies ist kein Geheimtipp, dort wird es richtig voll sein! *www.heidelberg-marketing.de*

Schlossbeleuchtung mit Blick vom Dicken Turm des Schlosses

Ein besonderes Erlebnis ist es, die Veranstaltung vom Schiff aus zu erleben. Um Tickets muss man sich allerdings rechtzeitig bemühen.

In edlem Ambiente speisend, können Sie den Schlossbeleuchtungsabend auch auf der „Patria" verbringen, einer alten, aus den 1930er Jahren stammenden Yacht, die im Stil der 50er Jahre fantastisch renoviert wurde – Grace Kelly lässt grüßen!

RHEIN-NECKAR-FAHRGASTSCHIFFFAHRT
Tel.: 06221/20181 · www.weisse-flotte-heidelberg.de

HEIDELBERGER SOLARSCHIFFFAHRTSGESELLSCHAFT
Tel.: 07263/409284 · www.hdsolarschiff.com

HEIDELBERG SUITES PATRIA
Tel.: 06221/8727015 · www.heidelbergsuites.com/patria/

Und der letzte, vielleicht wirkliche Geheimtipp zum Betrachten der Schlossbeleuchtung ist die Scheffelterrasse im „Hortus Palatinus". Von der östlichsten Seite des Schlossgartens sieht man das Schloss natürlich nicht komplett von vorne, jedoch hat man einen atemberaubenden Blick auf den Neckar, die Alte Brücke, die ganze Stadt mit ihren Lichtern und, je nach Jahreszeit und Witterung, bis weit hinaus in die Rheinebene.

Heidelberger Schlossfestspiele

Die Tradition der Schlossfestspiele reicht bis in die 1920er Jahre zurück, wenn man es genau nimmt, sogar bis ins frühe 17. Jahrhundert. Kurfürst Friedrich V. ließ auf dem Dicken Turm ein rundes Theater nach dem Vorbild des Globe Theatres in London errichten, in dem das erste Shakespeare-Stück auf dem Kontinent überhaupt aufgeführt worden sein soll: „The Tempest" (Der Sturm).

Heute umfasst der Spielplan so ziemlich alles, was das Herz begehrt: von Oper und Operette über Liederabende und Matineen bis zu Kinderstücken und Serenadenkonzerten.

Kernstück war über lange Jahre „The Student Prince – der Studentenprinz", die herzzerreißende Liebesgeschichte von Prinz Karl-Franz und der Nichte eines Heidelberger Wirtes, Käthi. Bis in die 50er Jahre war das Stück unter dem Titel „Alt Heidelberg" ein Renner auf deutschen Theaterbühnen. Schon bei seiner musikalischen Uraufführung am New Yorker Broadway 1924 beflügelte es den Mythos Heidelberg und trug in den Folgejahren wesentlich zu seiner Festigung bei. Leider steht das Stück seit einigen Jahren nicht mehr auf dem Spielplan, die Hoffnung stirbt jedoch bekanntermaßen zuletzt, und so hoffen viele nicht nur in Heidelberg, dass der „Student Prince" eines Tages ins Schloss zurückkehren wird!

HEIDELBERGER SCHLOSSFESTSPIELE
www.theaterheidelberg.de/festival
jährlich von Anfang/Mitte Juni bis Ende Juli/Anfang August
Tickets unter: tickets@theater.heidelberg.de · 06221/5820000

Ein Bild aus vergangenen Zeiten – DAS Heidelberg-Stück schlechthin, „Student Prince"

Kerwe

Von allen Stadtteilfesten sind das Neuenheimer Fischerfest und die „Hendsemer Kerwe" schon weit über die Stadtgrenzen hinaus bekannte Kultveranstaltungen geworden. Rund um die Handschuhsheimer Tiefburg wird immer am dritten Juni-Wochenende gefeiert, in Neuenheim tobt der Bär meist zum Wochenende der letzten Schlossbeleuchtung im September.
Informationen unter www.tiefburg.de und
www.stadtteilverein-neuenheim.de

Heidelberger Herbst

Das größte und beliebteste Altstadtfest der ganzen Region findet alljährlich am letzten Samstag im September statt. Musikbühnen, Buden, Stände, Flohmarkt, ein mittelalterlicher und ein kunsthandwerklicher Markt und unzählige kulinarische Versuchungen lassen das Leben in der Stadt bis spät in die Nacht vibrieren. Ein Muss für Heidelberg-Fans!
www.heidelberg-marketing.de

Weihnachtszauber in der Fußgängerzone

Heidelberger Weihnachtsmarkt

Ein letztes Highlight zum Jahresende in der Heidelberger Veranstaltungslandschaft ist der Weihnachtsmarkt! Entlang der gesamten Fußgängerzone auf sechs Plätze verteilt, lockt er mit besonders großer Vielfalt an 140 Ständen. Der krönende Abschluss befindet sich am Karlsplatz am Ende der Hauptstraße: eine Eisbahn direkt am Fuße des Schlosses. Schlittschuhe können ausgeliehen werden und man kann diesem winterlichen Vergnügen bis in den Januar hinein frönen!

HEIDELBERGER WEIHNACHTSMARKT
Termin: jährlich, ab Mi. vor dem ersten Advent bis 22. Dezember
Öffnungszeiten: täglich 11 – 21 Uhr

Ihr Herz ist bei uns sicher

Dass man sein Herz in Heidelberg verlieren kann, und das am liebsten noch in einer lauen Sommernacht, ist spätestens seit Fred Raymonds großem Erfolg aus dem Jahr 1925 bekannt – der Text stammt übrigens von Fritz Löhner und Ernst Neubach. Das Lied erlangte Weltberühmtheit – Fred Raymond verkaufte die Rechte jedoch zuvor für schlappe 300 Mark an den Wiener Bohème-Verlag. Ein herber finanzieller Schlag, wenn man die „Karriere" des Liedes rückblickend betrachtet.

Vielleicht hätte der Komponist innegehalten, sich an die Brust gegriffen und wäre schlimmstenfalls zusammengesackt (keine Sorge – er verstarb fast 30 Jahre später). Heute hätte er jedoch in Heidelberg, der Stadt mit Herz, an vielen Orten mit einer optimalen Erstversorgung rechnen können. 2016 startete das Projekt „Herzsichere Stadt" in Zusammenarbeit der Stadtverwaltung mit der Björn-Steiger-Stiftung. Zunächst wurden 10 AEDs (Automatisierter Externer Defibrillator) aufgestellt, Stand Drucklegung Frühjahr 2019 sind es bereits 71 Standpunkte, und weitere folgen. Auf der Internetseite der Stiftung (www.steiger-stiftung.de) gibt es eine Karte mit allen Standorten deutschlandweit.

So sieht die akute
Hilfe vor Ort aus!

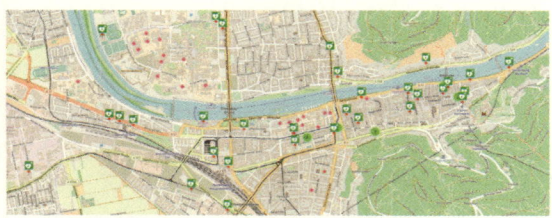

Überall an den markierten Stellen befinden sich lebensrettende Defibrillatoren der Björn-Steiger-Stifung

Komm, ich zeig´ dir Heidelberg...

Thematische Stadt- und Schlossführungen

So vielseitig und abwechslungsreich Heidelberg in seinen geschichtlichen Facetten ist, so umfangreich ist auch das Angebot an thematischen Stadt- und Schlossführungen für Gäste und Besucher.

Um die Entscheidung, „wohin und worüber lasse ich mich führen", etwas zu erleichtern, finden Sie hier eine Auswahl an Vorschlägen verschiedener Führungen und verschiedener Themen gleich mit Kontaktadressen für Anfragen und Buchungen in alphabetischer Reihenfolge.

Öffentliche Führungen
Dauer: ca. 1,5 Stunden
Apr. – Okt. tägl., 10.30 Uhr, Fr., 18 Uhr, Sa. 14.30 Uhr
Nov. – Mrz., Fr., 14.30 Uhr, Sa. 10.30 Uhr
Treffpunkt: Neckarmünzplatz, Tourist Information
Preis: 9 EUR, ermäßigt 7 EUR

Stadtrundfahrten mit Schlossführung
Mindestteilnehmerzahl: 5 Personen
Dauer ca. 2 Stunden
Apr. – Okt., Do. – Sa. 13.30 Uhr, Zweisprachig: Sa. 11.30 Uhr
Nov. – Mrz., Sa. 13.30 Uhr, Zweisprachig: Sa. 11.30 Uhr
Treffpunkt: Neckarmünzplatz

Altstadt- und Schlossführungen

event & eventchen Heidelberg
www.eventchen-heidelberg.de
Tel.: 06221/8673580 · info@eventchen-heidelberg.de

Heidelberg Führungen mit Flair
www.hd-fuehrungen-mit-flair.de
Tel.: 06221/781725 · hdfuehrungen@aol.com

Heidelberger Gästeführer e. V.
www.heidelberger-gaestefuehrer.de
Tel.: 0176/32447211 · fuehrungen@heidelberger-gaestefuehrer.de

Heidelberg Marketing GmbH
www.heidelberg-marketing.de
Tel.: 06221/5844444 · info@heidelberg-marketing.de

Service Center Schloss Heidelberg
www.schloss-heidelberg.de
Tel.: 06221/658880 · service@schloss-heidelberg.com

Informationen für Gäste mit Mobilitätseinschränkung gibt es unter: www.heidelberg.huerdenlos.de

Schlossführungen im Stückgarten

„Kriminale" Kostümführung – Wer hat den Studenten gemeuchelt…?

Empfehlungen für thematische Führungen

„Auf den Spuren von Mark Twain"

„Liselotte von der Pfalz"

„Kunst und Künstler"

„Heidelberger Kuriositäten"

„Die Universität Heidelberg"

… und viele weitere über die Heidelberger Gästeführer e.V.

„Kulinarischer Streifzug durch die Heidelberger Altstadt"
(inkl. Aperitif, regionalem 3-Gang-Menü, drei magischen Elixieren
und süßer Überraschung)

„Heidelberger RADatouille®" (geführte Fahrradtour mit Einkehr)

„'Student tot aufgefunden!' Zeitreise zu einem ungelösten Mordfall"
(Interaktive Krimiführung zum Mit-Raten)

… und weitere über **event & eventchen Heidelberg**

„Minnesänger, Hexenturm und Pfaffen – Heidelberg im Mittelalter"

„Am Anfang war der Durst…"

„Heidelberger Potpourri"

… und weitere über **Heidelberg Führungen mit Flair**

Die Fußgängerzone Heidelbergs

„Leben bei Hofe " (Kostümführung)

„In des Königs Lustgarten"

„Von Rittern, Zwergen und schönen Prinzessinnen"–Familien-
führung

... und viele weitere über das **Service Center Schloss Heidelberg**

„Die Pfötchentour"

Patafou und sein Frauchen Jutta Ringk freuen sich, Ihnen das schöne
Heidelberg für Vier- und Zweibeiner bei dieser hundgerechten Tour
zu zeigen – inklusive Badestelle am Neckar!

www.pfoetchen-tour.de

Tel.: 0179/691 58 28 · jutta.ringk@arcor.de

Generelle touristische Informationen zu Pauschalarrangements, Hotels, Veranstaltungen, Prospektbestellungen und Informationen vor Ort:

HEIDELBERG MARKETING GMBH
Neuenheimer Landstraße 5, 69120 Heidelberg
www.heidelberg-marketing.de
Tel.: 06221/5844444 · info@heidelberg-marketing.de

TOURIST INFORMATION
am Neckarmünzplatz
Obere Neckarstraße 31-33 / 69117 Heidelberg
Tel.: 06221/5840244 · touristinfo@heidelberg-marketing.de
Öffnungszeiten: Apr.–Okt., Mo.–Sa. 9–18 Uhr, So., Feiert. 10–17 Uhr
Nov.–Mrz., Mo.–Sa. 10–17 Uhr

IM RATHAUS
Marktplatz 10 · 69117 Heidelberg
Öffnungszeiten: Mo.–Fr. 8–17 Uhr

Immer – zu allen Tages- und Jahreszeiten – ist Heidelberg wunderschön und einen Besuch wert!

Dank

Mein herzlicher Dank gilt all denjenigen, die auf vielfältige Weise zum Gelingen dieser 3. Auflage von „Heidelberg zu Fuß" beigetragen haben, unter anderem meinem Sohn Oliver Miltner, der immer dann in die Bresche gesprungen ist, wenn das Wetter gerade perfekt zum Fotografieren war und die Autorin das Büro kurzfristig und „hordisch" im Stich lassen musste.

Ganz besonders bedanken möchte ich mich jedoch bei Sabine und Kirsten Haferkorn, einer Ur-Kurpfälzerin und einer Ur-Hanseatin, die sich die Zeit genommen haben, „ihr" Heidelberg mit mir zusammen im Rollstuhl zu „erfahren" – mit einem neuen, anderen Blick auf diese bekannte und geliebte Stadt, die ich ohne die beiden so nicht hätte wahrnehmen können.

Susanne Kahlig
Heidelberg, im März 2019

Die Autorin

Geboren 1963 in Berlin, aber noch im gleichen Jahr umgezogen, lebt Susanne Kahlig seither in Heidelberg und hatte nie das Bedürfnis, außer für Reisen um die halbe Welt, diese Stadt zu verlassen – sie ist einfach zu schön! Seit 2000 ist sie Gästeführerin und hat 2002 die Agentur event & eventchen Heidelberg mit der Idee gegründet, ihren Gästen die Stadt in ihren vielen Aspekten bei individuellen  Stadt- und Schlossführungen auf immer neuen Wegen zu zeigen. Ihr Herz hat sie ganz und gar an Heidelberg verloren!

Liniennetz Heidelberg Innenstadt